Um novo olhar para a vida

Um novo olhar para a vida
Pelo espírito Margarida da Cunha
Psicografia de Sulamita Santos
Copyright © 2019 by
Lúmen Editorial Ltda.

1ª edição - Julho de 2019.

Coordenação editorial: *Ronaldo A. Sperdutti*
Revisão: *Alessandra Miranda de Sá*
Preparação de texto: *Roberto de Carvalho*
Projeto gráfico e arte da capa: *Juliana Mollinari*
Imagem da capa: *Shutterstock*
Diagramação: *Juliana Mollinari*
Assistente editorial: *Ana Maria Rael Gambarini*
Impressão: *Expressão & Arte Editora e Gráfica*

Dados Internacionais de Catalogação na Publicação (CIP)
(Câmara Brasileira do Livro, SP, Brasil)

```
Cunha, Margarida da (Espírito)
   Um novo olhar para a vida / pelo espírito
Margarida da Cunha ; [psicografia de] Sulamita
Santos. -- Catanduva, SP : Lúmen Editorial, 2019.

   ISEN 978-85-7813-215-6

   1. Espiritismo 2. Psicografia 3. Romance espírita
I. Santos, Sulamita. II. Título.

19-27591                                    CDD-133.93
```

Índices para catálogo sistemático:

```
1. Romances espíritas psicografados : Espiritismo
   133.93
```

```
Cibele Maria Dias - Bibliotecária - CRB-8/9427
```

LÚMEN
EDITORIAL

visite nosso site: www.lumeneditorial.com.br
fale com a Lúmen: atendimento@lumeneditorial.com.br
departamento de vendas: comercial@lumeneditorial.com.br
contato editorial: editorial@lumeneditorial.com.br
siga-nos no twitter: @lumeneditorial

2019
Proibida a reprodução total ou parcial desta
obra sem prévia autorização da editora

Impresso no Brasil – *Printed in Brazil*

01-07-19-5.000

Um novo olhar para a vida

Sulamita Santos
Pelo Espírito Margarida da Cunha

LÚMEN EDITORIAL

Av. Porto Ferreira, 1031 - Parque Iracema
CEP 15809-020 – Catanduva – SP
17 3531.4444

Sumário

CAPÍTULO 1

Pobreza e inconformismo

A luz bruxuleava no velho candeeiro cujo pavio, embebido em querosene, impregnava a pequena casa com um cheiro nauseabundo e fétido. Jonas olhava para os cantos da modesta residência e tudo o que enxergava eram as sombras dos filhos, que insistiam em brincar à penumbra.

O alarido das crianças o deixava ainda mais irritado com toda aquela situação. Maria José, sua esposa, estava na pequena cozinha, preparando uma sopa para o jantar. Jonas, observando a pobreza de sua casa, pensava: "Por que tive que nascer tão pobre? Trabalho feito um louco nesta fazenda, e o que ganho? Nada, a não ser as dívidas na venda, onde fica todo o meu pagamento, nas mãos daquele turco desgraçado e explorador".

O homem estava revoltado; entre outras situações que lhe causavam indignação, havia os filhos, que precisavam usar roupas puídas pelo uso diário. Enquanto os pensamentos de Jonas fervilhavam em sua mente, ele mantinha o cenho fechado.

Maria José chamou os filhos e o marido para jantarem e, ao sentar-se à mesa, Jonas, olhando para a panela fumegante, disse inconformado:

— Não acredito! Sopa? Trabalho o dia inteiro feito um cavalo e a minha última refeição do dia é sopa?

Maria José sabia do descontentamento do marido com a vida e, tentando suavizar a situação, falou:

— Graças a Deus que temos sopa, pois muitas pessoas não têm nem mesmo isso para comer.

Jonas, indignado, respondeu:

— O que tenho eu a ver com a falta de comida dos outros? Para muita gente, falta o necessário por se tratarem de vagabundos que não gostam de trabalhar, o que não é o meu caso.

A esposa, sem querer se indispor com ele, decidiu se calar e servir os filhos. As crianças passaram a comer e a falar sem parar, quando Jonas disse com irritação:

— Calem a boca e comam! Não quero ouvir nenhum comentário durante a refeição.

Os filhos, sabendo do gênio forte do pai e de seu costumeiro mau humor, resolveram obedecer.

Enquanto sorvia lentamente a sopa, Jonas continuava reclamando:

— Não aguento mais esta vida miserável que levamos. Temos três filhos, e o que deixaremos a eles quando morrermos?

Maria José, tentando acalmar o marido, respondeu:

— Jonas, não se revolte com a nossa situação. Está tudo certo! Ademais, vamos ver nossos filhos crescerem, casarem-se... E certamente serão muito felizes.

O homem rebateu com ironia:

— Nossos filhos serão tão felizes quanto nós. Trabalharão como burros de carga, deixarão o patrão ainda mais rico, e aquele turco desgraçado continuará a explorá-los, como tem feito há anos.

A mulher esboçou um sorriso triste, pois no fundo sabia que o esposo não deixava de ter razão. Na tentativa de encorajá-lo, contudo, ponderou:

— Não pense dessa maneira. Como sabe que a nossa situação não vai mudar de uma hora para outra e as coisas não vão melhorar?

— Mudar? Só se mudarmos para o cemitério! — ele voltou a ironizar, ainda mais irritado.

Maria José, fazendo o sinal da cruz, disse:

— Cruz-credo, homem! Por que pensar em morrer se a vida é um dom dado por Deus?

— Deus? Que Deus? — Nesse momento, Jonas soltou uma gargalhada irônica.

Maria José, por sua vez, permaneceu calada, pois sabia que o marido estava a ponto de explodir.

Jonas, querendo provocar uma briga para extravasar sua revolta, continuou:

— Acredita mesmo que Deus existe? Se Deus existisse, não seríamos tão pobres e explorados por pessoas sem caráter como o doutor Silvério e Salim, o turco da venda.

A mulher, com seu jeito calmo, falou:

— A vida é dura, bem o sabemos. Porém, nada é para sempre. Logo nossos filhos crescerão, trabalharão e nos ajudarão a melhorar de vida.

Jonas novamente lançou um olhar sarcástico para a mulher, dizendo:

— Quando nossos filhos estiverem no tempo de trabalhar, cada qual arranjará uma esposa e cuidará de sua vida.

Maria José, completamente sem apetite, respondeu:

— O seu mal é que você não confia em Deus nem na vida.

— Que motivo a vida e as pessoas deram para que eu confiasse nelas? Você é uma boba que acredita que tudo foi Deus quem fez, e que cada coisa boa que talvez possa nos acontecer foi Deus quem providenciou.

A esposa logo percebeu que naquela noite não daria para conversar com o marido; ele estava terrivelmente revoltado.

– O que aconteceu hoje para que esteja tão indignado com a vida? – ela perguntou.

Jonas tirou do bolso algumas notas de dinheiro e umas poucas moedas.

– Hoje recebi mil réis; paguei setecentos réis para o turco e fiquei com trezentos réis. O que vou fazer com trezentos réis? Não dá pra comprar nem um tecido para você fazer roupas para as crianças.

Maria José, olhando com carinho para o marido, respondeu:

– Não se preocupe com isso. Dona Bernadete nos deu algumas roupas dos filhos dela. É só fazer uns ajustes...

O orgulho de Jonas chegou ao limite.

– Não aguento mais isso! – gritou. – Sempre consertando roupas velhas para os nossos filhos. E você, o que tem? Dois vestidos velhos de chita para ir à capela aos domingos. Planto feijão, e o turco desgraçado cobra o quilo de feijão a preço de ouro. Planto milho, mandioca, quiabo e outras coisas, e não tenho o direito de aproveitar nada, pois o doutor Silvério não permite. Não aguento mais esta vida! Estou cansado desta miséria em que vivemos! Sinceramente, muitas vezes tenho inveja de quem já morreu.

Maria José, benzendo-se novamente, respondeu:

– Não diga isso! Deus não gosta! Ademais, ele nos deu a vida, e com a vida vêm muitos desafios. Se estamos passando por isso é porque temos forças para suportar.

Jonas, chegando ao seu limite, falou:

– Quer saber? Se você acredita em Deus, o problema é seu. Eu não quero mais que fale essas besteiras perto de mim. Deus não existe e, mesmo que um dia tivesse existido, pode ter certeza de que Ele está morto! Quer saber o que vou fazer? – levantou-se bruscamente da mesa, foi até o quarto e pegou a velha bíblia de Maria José, junto com o terço, e disse aos berros: – Não quero mais esta bobagem em minha casa! E, da próxima vez que vier falar em Deus, vou lhe dar uma surra que você nunca esquecerá.

Ela tentou pegar a bíblia e o terço das mãos do marido, mas não conseguiu. Assim, impotente e indignada, viu o marido rasgar todas as páginas e jogá-las nas labaredas do fogão de lenha. Ressentida e com lágrimas nos olhos, falou:

— Nunca vou perdoá-lo por isso! Não me importo com a pobreza em que vivemos, pois aceito de bom grado tudo o que a vida me oferece. Jamais me revoltarei contra Deus. Você não é pobre só em dinheiro; é pobre também espiritualmente. Quando não temos Deus, não temos nada! Você destruiu a bíblia que ganhei de minha mãe, mas não destruirá minha fé.

Jonas sentiu o impacto das palavras da esposa, porém seu orgulho o impediu de se desculpar. Maria José continuou:

— Nunca mais diga que me dará uma surra, pois isso eu não admitirei; afinal, nem meu pai nunca me bateu, e não será você o primeiro homem a fazê-lo, pois o dia em que levantar a mão para mim pegarei meus filhos e vou-me embora deste lugar.

Arrependido, Jonas levou a mão à cabeça e baixou o tom de voz.

— Acredita mesmo que eu teria coragem de bater em você?

— Acredito sim! Você é um homem revoltado com a vida e, além do mais, é muito impetuoso.

— Desculpe, Maria! Foi apenas força de expressão... — tentou se justificar.

— Hoje você dormirá com o Dirceu — ela falou com altivez.

— Não suportarei dormir ao lado do homem que me ameaçou.

O marido voltou a ficar irritado. Dirigiu-se ao quarto dos filhos e logo se ajeitou, porém seu sono custou a chegar.

Passava das três horas da manhã quando Jonas, finalmente vencido pelo cansaço, adormeceu. Maria José dormiu chorando. Afinal, as palavras do esposo ressoavam em sua memória e, vez por outra, vinha-lhe à mente a ideia de que deveria deixar o marido antes que ele a agredisse. Angustiada, sentou-se na cama e fez uma sentida prece clamando a Deus por ajuda. Depois de meia hora, por fim adormeceu, porém seu sono foi inquieto e sem sonhos.

CAPÍTULO 2

Pedido de desculpas

No dia seguinte, faltavam poucos minutos para as quatro horas da manhã quando Jonas se levantou, porém não encontrou a mulher na cozinha, como de costume. Vestiu a roupa de trabalho, pegou as ferramentas e saiu de casa a fim de iniciar mais um dia de trabalho; afinal, tinha de ordenhar as vacas e cuidar de muitos outros afazeres.

Maria José, ressentida com o marido, ouvira o barulho dele na cozinha, mas não fizera questão de se levantar para preparar o café. Assim que o marido saiu, deixou a cama e foi até a cozinha acender o fogão a lenha. Pensava ainda no ocorrido da noite anterior e, tomando uma decisão, pensou: "Vou ter com dona Bernadete. Quem sabe ela não me arranja um trabalho na casa-grande? Assim poderei ajudar o Jonas, pra ver se melhora esse gênio raivoso dele".

A mulher acendeu o fogo e colocou água para ferver a fim de fazer o café. Procurou farinha para fazer alguns pães e, quando viu que a lata estava vazia, ponderou: "Dá pra compreender a revolta do Jonas. É duro servir apenas café preto para os nossos filhos".

Passava das sete horas da manhã, quando as crianças se levantaram e perguntaram:

– Mãe, hoje não tem pão?

Penalizada, ela respondeu:

– Não tem pão, mas vou fazer uma farofa de ovos para que não fiquem sem comer nada.

Darci, como era um dos mais velhos e compreendia bem a situação, comentou:

– Que delícia, mamãe!

O menino não gostava de farofa de ovos, mas não queria que os irmãos reclamassem da única coisa que a mãe poderia servir naquela manhã. Maria José fez a farofa, serviu aos filhos e ordenou ao mais velho:

– Dirceu, cuide de seus irmãos. Vou à casa-grande e volto logo.

Obediente e responsável, o menino anuiu com a cabeça enquanto a mãe, tirando rapidamente o velho avental, saiu em direção à casa-grande, que ficava no alto de uma colina. Maria José seguiu conversando com Deus, pedindo que Ele a ajudasse a conseguir o trabalho.

Ao chegar lá, Zulmira, uma negra idosa, convidou-a para entrar na cozinha. A mulher andava a passos lentos, pois não escondia de ninguém o peso da idade. Maria José, com os olhos cheios de lágrimas, confiou à velha senhora todo o drama que estava vivendo em casa, e Zulmira, fitando-a com ternura, disse:

– A essas alturas da vida, eu já vi muitas coisas erradas nesta fazenda, mas a miséria dos colonos é ignorada pelo patrão Silvério.

Maria José perguntou:

– Será que dona Bernadete não está precisando de alguém para ajudar nos trabalhos domésticos?

A idosa disse sorrindo:

– Tenho reclamado para a sinhá que estou velha para trabalhar; afinal, lido nesta cozinha há mais de cinquenta anos e meu corpo está cansado. – Então, Zulmira observou: – A senhora deve cozinhar muito bem.

– Sim, mas não sei fazer pratos refinados, como talvez a sinhá esperasse que eu fizesse.

Zulmira comentou:

– Ainda bem que a sinhá Bernadete é uma mulher de hábitos simples. Ela gosta de arroz e feijão bem temperados, carne, legumes e salada.

Nesse momento, Bernadete entrou na cozinha, e Zulmira foi logo dizendo:

– Sinhá, acho que a senhora já conhece a esposa do Jonas.

Bernadete, simpática como sempre, respondeu:

– Sim! Em que posso ajudá-la?

Maria José repetiu a história toda para a esposa de Silvério, que, após ouvi-la com atenção, disse:

– Zulmira está cansada e eu penso que pode lhe ensinar tudo sobre a cozinha. Assim que você aprender, poderá assumir o lugar dela.

Maria José hesitou por um instante; porém, tomada de coragem, perguntou:

– Quanto a senhora poderá me pagar?

– Se for tão boa quanto a Zulmira, pagarei mil e quinhentos réis.

A esposa de Jonas abriu um largo sorriso.

– Aprenderei tudo o que dona Zulmira me ensinar e prometo que não irei desapontá-la.

– Neste caso, pode começar agora mesmo – Bernadete falou.

Maria José fez um ar de preocupação.

– O único problema é que meus filhos estão em casa. Além disso, preciso mandar marmita para o meu marido, que está trabalhando na roça.

Bernadete gostou da sinceridade dela. Por isso, falou:

– Quanto à comida para seus filhos, não se preocupe.

Coloque-a numa vasilha e mande o mais velho vir buscá-la. Além disso, você pode preparar aqui mesmo a marmita para o seu marido.

Maria José mal podia acreditar no que ouvia. Com lágrimas nos olhos, disse:

– Que Deus a abençoe com muita saúde e paz!

Zulmira estava feliz, pois sabia que logo não precisaria mais levantar às quatro horas da manhã para as tarefas que se iniciavam de madrugada. Nesse horário, ela precisava ferver o leite que vinha do curral.

Bernadete, observando as boas atitudes de sua futura cozinheira, perguntou:

– Quantos anos tem seu filho mais velho?

– Vai completar dez anos, senhora.

– Humm... Ainda é muito novo. Assim que completar treze anos, quero que ele vá buscar o leite no curral, de manhã, pois o Ozório, que hoje faz essa tarefa, já está pronto para trabalhar na roça com os demais colonos.

A mulher ficou imensamente feliz e pediu para ir até sua casa e avisar o filho mais velho para buscar a comida e levá-la ao pai. Tendo sido autorizada, chegou a casa esbaforida e contou ao filho sobre o trabalho que arranjara na casa-grande.

– Preciso que cuide dos seus irmãos e da casa – disse ela. – Quando voltar, trago janta para todos.

Dirceu ficou feliz, pois agora seu pai não teria mais de arranjar confusão por causa da miséria em que viviam. Maria José voltou à casa-grande e logo se propôs a aprender tudo o que Zulmira lhe ensinava. Aos poucos foi aprendendo a arrumar a mesa, o lugar dos talheres, a posição dos copos e os pratos de sobremesa.

Naquele dia, Zulmira havia feito doce de abóbora em calda e, assim que o casal terminou o almoço, ela serviu o doce. Silvério não se importou com a nova cozinheira, pois não costumava se intrometer nos assuntos domésticos.

Faltavam poucos minutos para o meio-dia quando Dirceu foi buscar a refeição que Zulmira havia preparado. A seguir, o menino foi para casa, deixou os irmãos almoçando e levou o almoço para o pai, que, ao vê-lo, perguntou:

– O que faz aqui, moleque?

– Mamãe pediu que eu viesse.

O homem, abrindo a marmita com descaso, disse:

– Aposto que é ovo com tomate novamente.

Dirceu estava feliz, porém nada disse. Jonas, ao ver o interior da marmita, arregalou os olhos.

– Toucinho e pernil de porco? Não vai me dizer que sua mãe foi à venda do turco...

O menino contou ao pai sobre o novo trabalho da mãe, o que o deixou irritado.

– Quem mandou sua mãe esmolar emprego pra essa gente? Ganho pouco, mas ainda assim dá pra viver.

Dirceu respondeu com voz conciliadora:

– Papai, por favor, não vá brigar com a mamãe! Ela fez isso para ajudá-lo e não ver o senhor tão nervoso como estava ontem à noite.

– Como não ficarei nervoso? Quem vai cuidar da casa e dos seus irmãos?

– Eu cuido, papai! Prometo que, quando o senhor chegar, terá café coado na hora, e a casa estará limpa.

– Mas quem vai lavar as roupas no rio?

– Não se preocupe. Eu posso fazer isso. Deixe a mamãe trabalhar, e o senhor verá como as coisas vão melhorar em casa.

Jonas engoliu a comida sem nem mesmo sentir o gosto, porém decidiu acatar o pedido do filho.

– Sua mãe não vai aguentar trabalhar na casa-grande. Não é fácil como ela pensa.

Dirceu sempre havia sido um menino precoce para a idade e, respeitosamente, falou:

– Ela só vai saber se o senhor deixar que ela tente.

O homem pensou um pouco e respondeu sorrindo:

– Está bem, meu filho. Deixemos sua mãe fazer as coisas do jeito dela.

Dirceu abriu um largo sorriso e, pegando de volta a marmita vazia, entregou ao pai um potinho com doce de abóbora.

– Nossa! – Jonas disse. – Tenho direito até a sobremesa? E vocês, comeram?

– Eu ainda não! Primeiro servi meus irmãos, depois trouxe o almoço do senhor.

– Mas está tarde; volte logo pra casa, pois caso contrário poderá passar mal de fome.

– Não se preocupe, meu pai; estou bem.

Embora não tivesse gostado muito da ideia de Maria José trabalhar na casa-grande, Jonas não queria estragar a felicidade do filho. Assim que terminou a sobremesa, Dirceu colocou tudo na pequena mochila e foi embora.

Jonas voltou a trabalhar no conserto de uma cerca, pensando: "Talvez seja melhor assim". Procurou não se preocupar tanto com o assunto, de modo que rapidamente a tarde caiu e ele voltou para casa, onde encontrou tudo arrumadinho e o café coado. Além disso, as crianças haviam tomado banho, usavam roupas limpas e estavam de cabelos penteados.

Dirigindo-se ao filho mais velho, ele perguntou:

– Dirceu, a que horas sua mãe vai chegar?

– Ela não vai chegar muito cedo – o menino respondeu –, pois só poderá sair depois de servir o jantar e lavar a louça. Por falar nisso, preciso ir buscar a janta, está bem?

Jonas concordou e resolveu tomar banho, pois o calor fora abrasador naquele dia. Não demorou muito e Dirceu retornou com as marmitas.

Naquela noite, o chefe da família jantou sem se importar com o alarido das crianças. Em seu íntimo, pensava no que fizera na noite anterior e perguntava-se: "Por que agi daquele jeito? Não entendo. Sempre respeitei a fé da minha esposa, mas ontem parecia que eu estava com o diabo no couro. Preciso pedir desculpas para a Maria e comprarei outra bíblia para ela, junto com um terço, que pedirei ao padre Bento para benzer. Não acredito nessas coisas, mas nada posso fazer se ela acredita".

O homem pensou mais um pouco e se lembrou: "Como poderei comprar uma bíblia se meu dinheiro mal dá para comprar comida? Ah, já sei! Vou conversar com o doutor Silvério e pedirei a charrete emprestada. Assim, poderei ir à igreja conversar com o padre Bento. Quem sabe ele não me ajuda?".

Jonas mandou Dirceu ficar com os irmãos, dizendo que iria sair e logo voltaria. Chegando à casa-grande, pediu para conversar com Silvério, que estava trancado em seu escritório, mas que concordou em recebê-lo. Com o chapéu no peito, Jonas entrou e, hesitante, falou:

— Boa noite, doutor! Gostaria de pedir sua charrete emprestada para ir à cidade.

Surpreso, Silvério indagou:

— O que pretende fazer na vila numa hora dessas?

Jonas, com sinceridade, contou tudo o que havia feito à esposa na noite anterior, inclusive o fato de ter queimado a bíblia.

Silvério, indignado, inquiriu:

— Como pôde cometer uma heresia dessas? Acaso não sabe que a bíblia é a palavra de Deus?

Jonas, envergonhado, respondeu:

— Estava de cabeça quente, doutor. Arrependi-me muito por ter feito isso e agora vou pedir que o padre Bento venda-me uma bíblia para presentear a Maria José.

Silvério pensou por alguns instantes e se pôs a procurar algo na grande estante do escritório. Logo pegou uma bíblia de capa preta. Depois abriu uma gaveta, pegou um terço e entregou tudo ao homem, dizendo:

— Cuidado para não queimar esta também! Estou lhe dando porque comprei uma nova quando estive em São Paulo.

A bíblia era praticamente nova, e o terço era tão branquinho, que suas contas mais pareciam pérolas.

Jonas, realmente feliz, agradeceu ao fazendeiro. Silvério, que não tinha muito contato com os peões da fazenda, não soube explicar a razão de haver simpatizado tanto com aquele homem. Assim que Jonas saiu, ele pensou: "Esse sujeito precisa de ajuda. Tenho andado relapso com os trabalhadores, pois deixo todos os assuntos nas mãos do Joaquim, e isso não é coisa boa". Assim refletindo, decidiu que no dia seguinte cavalgaria pela fazenda, veria os grãos no paiol e, sobretudo, as plantações de café.

Em casa, Jonas esperava com ansiedade pela chegada da esposa. Passava das nove horas da noite quando Maria José chegou. Demonstrava cansaço no semblante pelo duro dia de trabalho, mas o que mais a incomodava era o ressentimento que ainda sentia pelo marido. Assim, decidiu tomar banho e deitar-se para recompor as energias.

Antes que ela se afastasse, Jonas se aproximou cautelosamente e disse:

— Maria, sei que passei dos limites ontem à noite e, acredite, estou muito arrependido...

Ela respondeu com voz cansada:

— Jonas, por favor, não quero relembrar a noite de ontem. Vocês jantaram?

— Sim! A comida estava muito boa.

— Que bom! Vou tomar banho e dormir.

Jonas, bastante constrangido, perguntou:

— Posso dormir em nosso quarto?

Com indiferença, ela respondeu:

— O quarto não é só meu; durma onde quiser.

Ele sabia que, quando sua mulher se magoava, levava dias para voltar ao normal. Foi então que teve uma boa ideia para tentar acalmá-la.

Maria tomou banho, penteou os cabelos e deitou-se. Porém, ao apoiar a cabeça no travesseiro, notou que havia algo sob ele. Erguendo-o, deparou-se com a bíblia e o terço. Surpresa, foi até o marido, que estava deitado em uma rede na sala, e perguntou:

— O que significa isto?

— Uma bíblia e um terço — ele respondeu com certa displicência.

— Eu sei o que são — a esposa respondeu no mesmo tom. — O que quero saber é como você os conseguiu.

— Onde arrumei não importa, Maria. Só o fiz como pedido de desculpas pelo meu destempero de ontem.

Ela respirou fundo, libertando-se de parte do sentimento de mágoa, e perguntou com um meio sorriso:

— Quando se aborrecer de novo, vai queimar esta bíblia também?

Ele a olhou com seriedade:

— Não! Nunca mais farei isso com você. Continuo não acreditando em Deus, porém isso não me dá o direito de querer que você também não acredite.

A mulher pegou a bíblia e o terço e foi para o quarto. Leu um versículo do livro de Salmos e, depois de rezar com o terço nas mãos, colocou-o sobre a velha cômoda e adormeceu.

Jonas, ao entrar no quarto, encontrou a esposa dormindo. Olhou-a com carinho e sussurrou, demonstrando que não era tão cético como parecia:

— Deus não poderia ter me dado melhor presente nesta vida.

Movimentando-se com suavidade para não acordá-la, deitou-se ao lado da esposa e logo adormeceu, pois as tarefas haviam sido bastante exaustivas para ambos naquele dia.

CAPÍTULO 3

Esperança de dias melhores

Eram exatamente três e meia da manhã quando Maria José se levantou para deixar o café pronto, antes de ir para a casa-grande. Fez tudo como de costume: arrumou as lenhas, acendeu o fogão, colocou água para ferver e fez o café. Jonas se levantou e, ao ver a esposa já de pé e bem-disposta, cumprimentou-a:

– Bom dia!

Maria, que já não estava mais ressentida com o marido, tratou-o como sempre.

– Bom dia. Hoje quero que você vá à venda do turco e compre farinha, pois tenho que deixar pães prontos para as crianças.

– Esse turco é um safado explorador – ele disse com irritação. – Sabe quanto ele cobra por um quilo de farinha?

Maria pensou por alguns instantes e perguntou:

– Você pagou a dívida na venda?

– Fiquei devendo duzentos réis.

– Esse homem é mesmo um abusado – ela teve de admitir.
– Ele ganha muito dinheiro à custa dos colonos...

– É isso que venho dizendo há tempos – o marido reforçou.
– Por isso fico tão irritado.

Maria, assoprando o fogo, indagou:

– Se pegássemos dois mil e quinhentos réis e fôssemos à vila, acha que daria para comprar muitos mantimentos?

Depois de pensar um pouco, Jonas respondeu:

– Daria para comprar mantimentos para o mês inteiro e ainda sobraria dinheiro para tecido, fumo de corda, querosene e muitas outras coisas.

Ela sorriu levemente.

– Então nossos problemas acabaram. Não quero que compre mais nada na venda, pois todos os meses você irá à vila e comprará tudo o que precisarmos.

Jonas a olhou surpreso antes de perguntar:

– Quanto você vai ganhar como cozinheira na casa-grande?

– Mil e quinhentos réis.

Ele arregalou os olhos.

– Tudo isso?

Maria José, sorrindo, comentou:

– Dona Bernadete é uma boa mulher. Ela vai me pagar o mesmo salário da velha Zulmira.

– Finalmente nossa vida vai melhorar – o homem disse com um semblante esperançoso. – Poderemos colocar nossos filhos na escola da fazenda vizinha e teremos a oportunidade de lhes dar uma vida melhor.

Ela pensou em Deus, porém preferiu não falar sobre o assunto, para não deixar o marido irritado. Mas Jonas perguntou:

– E você, já leu a bíblia que lhe dei?

– Sim – ela respondeu sem mais delongas.

Ele insistiu:

– Sobre o que leu?

Depois de um breve silêncio, ela respondeu:

– "Bondoso e compassivo é o Senhor, tardio em irar-se e de grande benignidade... O senhor é bom para todos, e suas misericórdias estão sobre todas as suas obras."

Jonas a encarou.

– Você leu isso mesmo, Maria?

– Sim. Por que mentiria? Está na bíblia e, se quiser ver, à noite eu mostro.

A mulher queria pôr fim à conversa para não iniciar uma nova discussão. O marido resmungou algo, porém ela não compreendeu.

– Maria, vou pegar o que sobrou do pagamento e pagar tudo o que devo ao turco – ele disse em voz alta, enquanto enrolava o cigarro de palha. – Quanto à farinha, vou dar um jeito de arrumar sem comprar daquele explorador.

Ela ficou feliz com a atitude do marido e falou:

– Preciso ir, pois tenho que estar lá quando o leite chegar.

Maria saiu. A madrugada ainda estava bem escura, porém não sentiu medo, pois havia segurança total na fazenda. Não demorou muito e Jonas também pegou as ferramentas e saiu, a fim de continuar a consertar a cerca que os bois haviam destruído.

Silvério se levantou exatamente às cinco e meia e, depois de se arrumar, desceu até a copa para fazer seu desjejum. Ao chegar, encontrou Maria levando o leite à mesa. Com seu jeito educado, o homem cumprimentou-a:

– Bom dia! Por favor, qual é seu nome?

– Sou Maria José, doutor.

– Onde está a Zulmira? – ele perguntou.

– Está na cozinha, senhor.

Silvério começou a tomar seu café da manhã. Estava decidido a ver como a fazenda vinha sendo comandada por Joaquim. Maria José ia se afastando quando o esposo da patroa perguntou:

– Por que está trabalhando em minha casa? Por acaso, o que seu marido ganha não está dando para o sustento da família?

A mulher, de olhos baixos, respondeu com sinceridade:

– Não, senhor! Tenho três filhos, meu marido trabalha muito, porém as mercadorias na venda estão muito caras.

Indignado, Silvério perguntou:

– Como muito caras? Quando permiti que Salim abrisse uma venda aqui, foi sob a ordem de vender mais barato para os colonos.

Ela permaneceu calada, e o fazendeiro fez nova pergunta:

– Quanto seu marido ganha?

– Mil réis, senhor.

Naquele momento, Silvério passou do rubor à palidez, mas nada disse a esse respeito. Apenas ordenou:

– Pode ir. Se precisar de alguma coisa, eu a chamarei.

Ela rodopiou lentamente nos calcanhares e voltou para a cozinha. Zulmira, que pegava o feijão para cozinhar, falou:

– Nunca se esqueça de que o doutor não gosta de feijão requentado. Você terá que cozinhar feijão todos os dias.

Maria José sentou-se em frente à cozinheira, ajudando-a a escolher o feijão. Sem compreender as perguntas do patrão, relatou-as à velha senhora, que comentou rindo:

– Está chegando a hora de o patrão descobrir a verdade.

Maria a olhou curiosa.

– Que verdade?

Zulmira, devolvendo uma pequena quantidade de feijão à peneira, confabulou:

– O doutor Silvério é um bom homem, mas tem deixado quase todos os assuntos da fazenda nas mãos do Joaquim, o administrador. Mas deixe estar, que a hora dele está chegando.

A esposa de Jonas não entendeu muita coisa.

– Do que a senhora está falando?

– Estou falando que a hora da verdade está chegando. E posso afirmar que não ficará aqui pedra sobre pedra sem ser derrubada. Gente má é como fruta podre: não precisa fazer nada, porque ela cai sozinha.

Maria José continuou sem compreender as palavras daquela senhora, porém decidiu se calar; quanto mais ouvia, mais confusa ficava. Zulmira também se calou, e as duas continuaram a trabalhar em silêncio.

Logo Bernadete chegou e perguntou a Zulmira:

— O Silvério já saiu?

— Sim, senhora.

— Estranho! Ele sempre me espera para o café da manhã...

As duas mulheres ficaram caladas diante da observação da patroa. Bernadete sentou-se à mesa para fazer seu desjejum e indagou:

— E então, Maria, está gostando de trabalhar na cozinha?

— Sim, senhora. Dona Zulmira tem paciência em me ensinar.

Bernadete, sorrindo, falou:

— Zulmira, a partir de hoje quero que Maria prepare as refeições. Você ficará apenas supervisionando o trabalho.

Maria José sentiu um frio percorrer-lhe a espinha, mas sua determinação era maior. Olhou para a patroa e falou decidida:

— Se vou ficar no lugar de dona Zulmira, é bom que eu comece desde já.

Bernadete sorriu e lançou para ela um olhar de incentivo. Depois que a patroa se retirou, Maria José mostrou-se insegura e perguntou a Zulmira:

— A senhora acha que serei mesmo capaz de cozinhar?

A idosa segurou na mão dela e a encorajou:

— Não se preocupe, Maria! Eu vou ajudá-la em tudo o que for preciso. Conte comigo.

As duas sorriram felizes. Zulmira, por poder enfim se livrar das duras tarefas da cozinha, pois sentia dores horríveis nas costas e nas pernas, uma vez que era obrigada a ficar muito tempo em volta do fogão a lenha. Maria José, por sua vez, regozijava-se com a possibilidade de ajudar no orçamento do lar, que, contando com seu salário, passaria a ter mais conforto e harmonia. A esperança de dias melhores deixava as duas mulheres ainda mais unidas.

CAPÍTULO 4

Desonestidade e ameaça

Doutor Silvério mandou o menino Ozório preparar seu cavalo a fim de dar uma volta pela fazenda. Enquanto ele montava, o administrador, que o observava, perguntou:

– Vai sair cedo, doutor?

– Sim, quero ver como estão as coisas na fazenda.

Joaquim, sorrindo, respondeu:

– Não se preocupe, doutor. Tudo está na mais perfeita ordem.

Desconfiado, Silvério comentou:

– Acaso nunca ouviu dizer que são os olhos do dono que engordam o gado?

Joaquim, sentindo-se ofendido, falou:

– Acaso está desconfiando de mim, patrão?

Silvério, percebendo receio no olhar dele, indagou:

– Por que a preocupação? Acaso tenho motivos para desconfiar do seu trabalho?

– Não, doutor – ele respondeu mansamente. – O senhor quer que o acompanhe?

– Não! Hoje quero andar sozinho.

Vendo o patrão sair sem lhe dar muita atenção, Joaquim pensou: "Isso não é nada bom. Preciso evitar que ele converse com qualquer colono". A seguir, montou em seu cavalo e seguiu até o terreiro de café, onde encontrou os colonos varrendo-o. Como já havia passado o tempo de florada, os peões mantinham os pés de café limpos, preparando-os para a colheita.

Durante a cavalgada, Silvério ficou observando tudo, porém não conversou com ninguém. Depois de algum tempo, encontrou Jonas, que terminava de consertar a cerca.

– Você é o herege que queimou a bíblia da esposa? – perguntou rindo.

Jonas, envergonhado, esboçou um sorriso constrangido e nada disse. Silvério não sabia explicar o porquê de haver gostado daquele empregado. Após apear do cavalo, aproximou-se dele e foi logo perguntando:

– Há quanto tempo trabalha aqui?

Jonas, mantendo os olhos baixos, respondeu:

– Há muito tempo, doutor. Nasci e cresci aqui, quando a fazenda pertencia ao finado doutor Gumercindo.

– E nunca saiu da fazenda?

– Não, senhor! Nunca.

O fazendeiro, aproveitando-se da simplicidade de Jonas, indagou:

– Você acha a fazenda um lugar bom para trabalhar?

Sem perceber a pergunta capciosa do patrão, Jonas respondeu:

– Quanto ao trabalho, não tenho do que reclamar. Sou roceiro, e a labuta não me faz frente, mas o que é pouco é o salário.

Silvério, gostando do rumo da conversa, pontuou:

– Nunca ninguém reclamou do salário.

E o empregado, sentindo-se à vontade, passou a dizer:

– Nós trabalhamos muito, principalmente na época da colheita do café, porém o que ganhamos vai tudo para pagar os produtos que compramos na venda.

– Como assim?

Jonas, com o chapéu no peito, relatou:

– Doutor, o senhor, que nasceu em berço de ouro, não sabe o que é trabalhar apenas para comer. Recebi meu pagamento e setecentos réis ficaram na venda do Salim. O que vou fazer com trezentos réis? Nada, pois não dá pra comprar nem mesmo as coisas que estão faltando em casa!

Silvério perguntou:

– Quanto você recebe ao mês?

Jonas, baixando novamente o olhar, murmurou:

– Mil réis, senhor...

Naquele momento, Silvério ficou lívido. Afinal, Joaquim dizia que os colonos recebiam dois mil réis por família. Mas não deixou transparecer sua cólera.

Jonas continuou:

– Creio que os preços da venda estão abusivos. Além disso, o dinheiro é pouco, e o que ganhamos mal dá para comer, pois o velho turco está ficando cada vez mais rico. Enquanto isso, nós nos afundamos na miséria. Desculpe reclamar, doutor, mas essa é a verdade de todos nós: trabalhamos muito, ganhamos pouco e não temos dinheiro nem mesmo para comprar uma fazenda de chita pra fazer roupas para os nossos filhos.

Silvério disse sorrindo:

– As coisas vão mudar. Acredite!

Voltou a montar em seu cavalo e continuou cavalgando, porém o que não viu foi que Joaquim o observava de longe. Assim que ele se afastou de Jonas, o administrador se aproximou perguntando:

– O que o patrão estava conversando com você?

Jonas, que não lhe era simpático, respondeu:

– Nada de mais. Ele estava perguntando como foi que os bois destruíram a cerca.

O administrador percebeu que o peão mentia e o ameaçou:

– Cuidado com o que fala, pois homem de língua grande tem vida curta.

Jonas, irritado, retrucou:

– Está me ameaçando? Não sou homem de receber ameaças e ficar quieto.

– Cuidado, matuto! É só um aviso.

Silvério, enquanto cavalgava, pensava: "Meu sogro confiava em Joaquim e, no entanto, agora entendo como ele conseguiu comprar um pedaço de terra. De hoje em diante, acompanharei o pagamento dos colonos e serei eu mesmo a apontar as sacas de café que entram no paiol. Não posso despedi-lo sem antes arranjar provas contra ele".

Foi com muita indignação que ele entrou em casa e, chamando a esposa, disse:

– Bernadete, venha até o escritório. Precisamos conversar.

A mulher gostava imensamente de Joaquim, afinal, conhecia-o desde criança. Silvério, antes de contar qualquer coisa, a fizera jurar que não falaria nada a ninguém. Depois do juramento, contou tudo o que havia descoberto em sua cavalgada. Bernadete se recusou a acreditar, pois Joaquim era o homem de confiança de seu pai. Silvério ordenou:

– Quero que converse com a Maria e procure tirar dela mais informações.

Obediente, Bernadete respondeu:

– Farei o que me pede – e se afastou do marido, deixando-o sozinho no escritório.

Assim que ela saiu, Silvério disse em voz baixa:

– Se o Joaquim estiver me roubando, ele se arrependerá de ter nascido. Abandonarei minhas causas e me dedicarei apenas aos assuntos da fazenda, afinal, a fortuna de minha família está aqui nestas terras.

Naquele dia, não saiu do escritório, pois precisava encontrar provas contra o administrador, jurando a si mesmo: "Se o Joaquim comprou suas terras com o dinheiro roubado da fazenda, eu o deixarei sem nada. Agora preciso ficar de olho no velho Salim, pois, se estiver explorando os colonos, fecharei a venda".

Silvério ficou tão indignado com o que havia descoberto naquele dia, que se recusou até a almoçar, pois perdera completamente o apetite.

Naquela noite, Jonas estava terrivelmente irritado. Maria, ao ver o marido naquele estado, perguntou:

— O que está acontecendo contigo, homem?

Ele contou tudo o que havia conversado com o patrão, e a esposa comentou:

— Hoje, dona Bernadete me fez perguntas estranhas. Quis saber quanto você ganhava e, principalmente, sobre os preços da venda do Salim.

Jonas começou a compreender e falou:

— Sempre achei que o doutor Silvério era tão canalha quanto o Joaquim e o Salim, mas estou começando a acreditar que ele não está sabendo da roubalheira que se faz nesta fazenda.

Maria José, sem compreender, indagou:

— Que roubalheira?

— Durante a colheita de café, o Joaquim vem à noite e leva sacarias de grãos, porém ninguém tem coragem de dizer nada — ele explicou.

A mulher, preocupada, perguntou:

— Você tem certeza do que está falando, homem?

— Sim! Quantas vezes eu mesmo coloquei sacos de feijão e café na carroça dele? E não é pouco não... Agora entendo por que o Joaquim me ameaçou hoje.

Ouvindo as últimas palavras do marido, ela estremeceu.

— Pelo amor de Deus, Jonas, não diga nada! Aquele sujeito é vingativo. Lembra-se do que ele fez ao Zaqueu? Ninguém me tira da cabeça que foi ele quem matou o pobre homem.

Jonas não disse nada, mas pensou: "Pois eu não tenho medo dele. Se depender de mim, o doutor Silvério ficará sabendo de todas as suas falcatruas".

Naquela noite, o marido de Maria José ficou feliz, pois agora acreditava que tanto sua vida como a dos outros colonos iria mudar. Assim, jantou com tranquilidade, deitou-se na rede estendida na sala e ficou pensando, até ser interrompido pela esposa, que disse:

– Não vem deitar, homem? Amanhã o dia começa cedo.

Ele respondeu:

– Vá você. Assim que o sono chegar, eu também irei.

Jonas era um matuto completamente sem instrução, porém sabia de muitas coisas na fazenda e faria questão de que Silvério também soubesse.

CAPÍTULO 5

Mudanças na fazenda

Joaquim cavalgava inquieto de um lado para o outro da fazenda, pois pressentia que algo muito ruim estava para acontecer. Temia que Silvério descobrisse alguma coisa: desde os roubos das sacas de café até o acordo que mantinha com Salim, o dono da venda. Assim, começou a perguntar para alguns colonos se eles haviam conversado com Silvério, mas todos negaram. Então resolveu conversar com o comerciante a respeito dos passeios do patrão, inclusive sobre o fato de vê-lo conversando com Jonas.

Ao chegar à venda, o turco foi logo lhe falando:

— Vai tomar cachaça já pela manhã?

Irritado, Joaquim respondeu:

— Deixe de falar bobagem! Minhas preocupações são outras.

Curioso, o turco perguntou:

— Por que está tão nervoso?

Joaquim contou ter visto Silvério conversando com Jonas e sobre o olhar desconfiado que o patrão lhe lançara. Boquiaberto, o comerciante ouviu o relato e falou:

— Isso não pode ser. Se o patrão descobrir, Salim perderá a venda.

— Perder a venda não é nada — Joaquim disse, irritado. — Pior seria sermos presos, pois há anos estamos roubando a fazenda.

O comerciante pensou por alguns instantes e retrucou:

— Salim não ter nada com isso. Vendo meus produtos a preço justo e quem ganha a outra parte é você. Você ganha duas vezes sobre essa pobre gente: rouba metade do salário deles e depois me manda cobrar mais caro, exigindo a outra parte do dinheiro. Sem contar as sacas de café que somem do paiol...

— Cale a boca, turco dos infernos! Não vê que estou nervoso demais com essa história toda? Quer que alguém nos ouça?

Salim o encarou e disse:

— Meu amigo, você está encrencado...

— Ah, é? Esqueceu de que se eu cair você virá comigo? Você me ajudou a matar aquele negro safado, esqueceu?

— Não ajudei ninguém. Você o matou e me pediu apenas que o ajudasse a esconder o corpo.

Joaquim, lançando-lhe um sorriso maroto, respondeu:

— Ocultação de cadáver é crime... Isso já o torna meu cúmplice.

Salim se sentiu amedrontado. Realmente havia auxiliado Joaquim em seu crime.

— Tenho dinheiro mais do que suficiente para voltar à minha terra — ele respondeu. — E você pagará sozinho pelos seus erros.

O outro retrucou em tom ameaçador:

— Não vou pagar sozinho. Se eu cair, você cai comigo.

— Quem matou o homem foi você. Quem me obrigou a aumentar os preços dos produtos também foi você, de modo que só lhe fiz um favor — o comerciante disse por fim. — Mas acho que está vendo cabelo em ovo. Essa pobre gente jamais teria coragem de conversar com o doutor Silvério. São como ratos assustados.

Joaquim ficou pensativo, até dar um soco no balcão e pedir:

— Dê-me uma dose dupla de cachaça. Só assim vou me acalmar.

O turco sorriu de modo malicioso.

— Deixe de bobagem, homem. Tome logo sua cachaça e vá trabalhar, pois o patrão iria se irritar em vê-lo beber logo de manhã.

Joaquim sorveu o líquido em um gole só, fez uma careta e cuspiu de lado. Saiu da venda, montou em seu cavalo e partiu a galope, enquanto o turco pensava: "Como pude me envolver com esse homem? Ele ainda vai me colocar em apuros".

Após alguns minutos, Silvério entrou na venda e perguntou sorrindo:

— Como vão os negócios, Salim?

— Não vão muito bem — o turco respondeu. — Vendo baratinho, mas nem assim os colonos querem comprar.

Silvério sabia que ele estava mentindo e, percebendo-lhe o nervosismo, comentou:

— Negócios são assim mesmo. Nuns tempos estão bem e noutros nem tanto.

Salim olhou profundamente para o semblante do fazendeiro e pensou: "Joaquim está mesmo vendo cabelo em ovos. Não há nada de estranho com o doutor Silvério".

O fazendeiro, desanuviando a cabeça, viu quando um menino de aproximadamente dez anos entrou na venda pedindo um quilo de feijão. Salim costumava vender o quilo de feijão a cinco réis, mas, como o patrão estava no estabelecimento, disse:

— Venha! Temos feijão-carioquinha a ótimo preço!

Silvério perguntou:

— Quanto custa o quilo do feijão?

Salim, engasgando, mentiu:

– Dois réis, senhor.

O menino, assustado, intrometeu-se na conversa:

– Meu pai comprou feijão no sábado e disse que o senhor vendeu a cinco réis.

Silvério, observando a conversa, ficou calado enquanto o turco respondia:

– Deixa de se intrometer em assunto de adulto, menino peralta!

O fazendeiro percebeu, pelo nervosismo de Salim, que ele mentia, porém manteve a calma e falou:

– Essas crianças são muito intrometidas, não é mesmo, Salim?

– Certamente! Onde já se viu vender um quilo de feijão por cinco réis...

Silvério riu divertidamente e pediu um pedaço de queijo, que lhe foi servido de imediato.

– Quanto lhe devo? – perguntou.

– Não deve nada – apressou-se o comerciante. – É cortesia da casa.

Silvério comeu o queijo, fez um elogio e logo saiu. Chegando ao paiol, percebeu que suas sacas de café estavam baixas e pensou: "Como podem estar baixas as sacas de café, se a colheita do ano passado foi a melhor dos últimos dois anos? Não vendi minhas sacas porque o preço estava muito baixo".

Coçou a barba e disse a si mesmo: "Alguma coisa muito estranha está acontecendo nesta fazenda, e eu vou descobrir o que é. Preciso fazer de conta que não percebi, pois tanto o Joaquim quanto o Salim ficaram nervosos com a minha presença. Neste mato tem coelho, e dos grandes".

Voltando ao escritório, escreveu uma carta para seu amigo, doutor Pedro, sobre as transferências de suas causas, pois para ele se tornara uma questão de honra descobrir a verdade.

Joaquim voltou a procurar Jonas e perguntou:

– O que o doutor Silvério estava falando com você?

– Nada! Ele perguntou sobre a cerca, se algum boi havia fugido e se destruíram as plantações.

– Foi só isso mesmo?

– Sim! Não tenho nada a esconder. Até mesmo porque o doutor Silvério nunca conversa conosco, o senhor sabe muito bem disso.

Neste momento, o administrador sentiu o alívio tomar conta de seu ser. Mas, como Jonas era impulsivo, perguntou:

– Por que me ameaçou ontem?

– Não ameacei ninguém! Agora deixe de prosa e volte ao serviço.

Com raiva, Jonas viu Joaquim se afastar e falou em voz alta:

– Desgraçado! Seu pão está no forno e logo estará assado.

Começou a rir sem parar.

Silvério, depois daquele dia, não raro pegava seu cavalo e percorria toda a fazenda. Joaquim, como bom bajulador, sempre se oferecia para acompanhá-lo, e o patrão aceitava apenas para fingir que tudo ia muito bem. Assim, aos poucos, as preocupações do administrador foram desaparecendo, afinal, Silvério continuava a tratá-lo da mesma maneira.

Certo dia, estando Silvério a caminhar com Joaquim, aquele comentou:

– Logo a colheita de café se iniciará. Precisamos colocar mais homens para trabalhar.

Joaquim respondeu em tom alegre:

– Não se preocupe, doutor. Já estou providenciando isso.

Silvério continuou:

– Estou pensando em colocar o Ozório para cuidar da horta e consertar as cercas. E aquele homem... – fingiu esquecer o nome de Jonas –, penso em colocá-lo na colheita.

– Que homem, doutor?

– Aquele homem que vi arrumando a cerca dia desses.

Joaquim pensou por alguns instantes e advertiu:

– Aquele homem não é bom para a colheita, doutor. Arrumarei outro.

Silvério, fingindo irritação, ordenou:

– Coloque-o na colheita. Se ele não for bom para trabalhar, eu o mandarei embora.

Joaquim sorriu com os olhos ao ouvir as palavras de Silvério e, sem retrucar, acatou as ordens. O que ele não sabia era que Jonas poderia ser o principal informante do patrão, já que nenhum colono se atrevia a conversar com o dono da fazenda. Assim, naquela mesma tarde, Joaquim o procurou e disse:

– Jonas, na próxima semana começaremos a colher o café. O doutor Silvério mandou que o colocasse na colheita.

O peão não gostou das ordens, porém anuiu com a cabeça. Joaquim, ao perceber que ele não havia gostado, riu animado e falou:

– Chega de brincar de trabalhar! Você só fica na vida boa, cuidando da horta, do jardim e das cercas que quebram. Vai para a colheita pra saber quanto custa uma xícara do café que toma.

Jonas, apesar de irritado, permaneceu calado, enquanto o administrador montava em seu cavalo e seguia em direção à venda. A única reação do esposo de Maria José foi questionar-se mentalmente: "Por que o doutor Silvério foi fazer uma coisa dessas comigo? Logo eu, que sempre fui fiel a ele...".

Naquela mesma noite, Silvério foi até a cozinha e encontrou Maria José preparando cocadas.

– Maria, por favor, peça para o Ozório chamar seu marido, mas não diga que fui eu quem mandou.

A mulher, sem compreender a razão daquela ordem, perguntou:

– O que digo ao menino, doutor?

– Diga para o Jonas vir até aqui, que você quer conversar com ele.

Maria José chamou Ozório e fez o que o patrão havia mandado. Ao chegar à casa de Jonas, o rapaz o chamou à pequena cerca e falou:

– Dona Maria José mandou chamá-lo à casa-grande. Acho bom que vá logo, pois ela me pareceu muito preocupada.

Rapidamente Jonas gritou para o filho:

– Dirceu, cuide das crianças; vou até a casa-grande e volto logo! Não quero bagunça!

– Sim, senhor! – o menino respondeu.

O homem saiu no meio daquela escuridão acompanhando Ozório; logo chegaram à cozinha da casa-grande.

Ao ver a esposa, Jonas perguntou:

– O que aconteceu, mulher?

Maria José, agindo de forma discreta, disse a Ozório:

– Pode ir, meu rapaz. Não vamos mais precisar de você por hoje.

O rapazinho foi embora, e ela comentou com o marido:

– Gosto do Ozório, mas ele tem uma língua que não cabe dentro da boca.

Jonas, que continuava preocupado, voltou a perguntar:

– Por que mandou me chamar?

– Não sou eu quem quer falar com você. É o doutor Silvério – ela respondeu quase cochichando.

Assustado, o homem perguntou:

– O doutor Silvério? Mas o que ele quer comigo?

– Não sei. Vou avisar que você chegou.

Em poucos minutos, Maria voltou à cozinha e mandou o marido ir até o escritório do patrão, que o aguardava. De imediato, Jonas foi até lá e encontrou Silvério sentado com tranquilidade, fumando um charuto. Humildemente, perguntou:

– O senhor quer falar comigo, patrão?

– Sim. Mas, antes, quero que esta conversa fique somente entre nós. Nem mesmo sua esposa poderá saber dos meus planos.

Olhando assustado para o patrão, Jonas jurou, fazendo o sinal da cruz, e Silvério começou a falar:

– Mandei o Joaquim colocá-lo na colheita com o intuito de que você ouça tudo o que os colonos conversarem sobre ele e Salim. Sua função será manter-me informado sobre essas conversas.

Jonas não se fez de rogado; contou tudo o que sabia, desde o roubo das sacas e a morte de Zaqueu, até o trato de Joaquim com o velho turco... Enfim, nada ficou sem ser esclarecido.

Indignado, Silvério falou:

– Quero colocar esses dois atrás das grades e, para isso, preciso obter provas.

Jonas, em sua inocência, ponderou:

– Isso é fácil, doutor. Informarei ao senhor tudo o que eu ouvir durante a colheita. E pode ter certeza de que o avisarei sobre a noite em que Joaquim marcar para retirar as sacas. Era só isso que o senhor queria falar comigo?

– Não! – respondeu o patrão. – Ninguém poderá saber, mas aumentarei seu salário para cinco mil réis. Entretanto, você terá que ser discreto e não poderá sair por aí esbanjando dinheiro.

Jonas pensou por alguns instantes e falou:

– Não precisa aumentar o meu salário, doutor. Eu ganho mil réis, a Maria ganha mais mil e quinhentos, e isso já nos basta.

Irritado, Silvério vociferou:

– Maldito Joaquim! Ele me disse que cada colono ganha dois mil réis. Então, ele tira de cada colono mil réis por mês; ou seja, ele está me roubando.

Jonas ficou em silêncio, e Silvério perguntou:

– Tem certeza de que não quer mesmo o aumento?

– Tenho sim, senhor – ele respondeu com humildade. – Desde que a senhora Bernadete tem mandado as marmitas lá pra casa, não tem nos faltado nada.

Depois daquela prova de honestidade, Silvério passou a gostar muito mais daquele homem humilde, a quem já devotava simpatia. Jonas, segurando o velho chapéu de palha no peito, perguntou:

– É só isso, doutor?

– Sim. Agora fique com sua esposa até ela terminar o trabalho e vá junto com ela, para não levantar suspeitas.

O peão pediu licença e saiu.

CAPÍTULO 6

Em busca de provas

Ao chegar à cozinha, Jonas estava visivelmente feliz. Zulmira, que também acabara de entrar ali, perguntou:

– O que faz aqui, Jonas?

Ele podia não ter instrução, mas era um homem arguto e respondeu com rapidez:

– Vim buscar a Maria, para acompanhá-la até nossa casa. Nunca se sabe o que se pode encontrar pelo caminho, ainda mais à noite.

Zulmira, sorrindo, respondeu:

– O máximo que ela pode encontrar é uma cascavel.

A mulher, que ouvia a conversa, respondeu:

– Cruz-credo! Tenho pavor de cobras.

Jonas, fingindo interesse no assunto, passou a falar sobre uma jararaca que havia encontrado próximo à cerca.

Zulmira perguntou:

– E você a matou?

– Não! Por que mataria o bichinho? Todos têm direito à vida e, além do mais, ela não pica se ninguém mexer com ela.

– O quê? Você não a matou? – a velha perguntou horrorizada. – E se ela picar alguém no cafezal?

– Não se preocupe – respondeu Jonas. – Ela se enrolou no pau e eu a deixei perto do brejo, pois sei que ninguém vai até lá.

Maria, apavorada, falou:

– Você tinha que ter matado essa cobra!

– Não. Eu não gosto de matar bichos e você sabe muito bem disso.

Neste instante, Silvério entrou na cozinha e disse:

– Jonas, por favor, vá até a casa do Ozório e peça a ele que venha aqui.

O homem obedeceu e, em pouco mais de dez minutos, chegou acompanhado pelo rapaz que tinha quase vinte anos. Ozório foi até o escritório e lá ficou sabendo que iria cuidar das cercas caídas, da horta e do jardim, serviço que outrora era de Jonas. Ele não gostou muito da notícia e perguntou:

– Continuo indo buscar o leite na mangueira, doutor?

Silvério, que não havia pensado no assunto, logo teve uma ideia.

– Quantos anos tem seu irmão mais jovem? – perguntou.

– Quinze anos, doutor.

O fazendeiro pensou por alguns instantes e mandou que Ozório fosse buscar o irmão, que se chamava Ageu e passava os dias sem fazer nada. O rapaz foi até sua casa e retornou em companhia do irmão.

Silvério perguntou ao rapazinho assim que o viu:

– O que você faz da vida?

Ageu, baixando o olhar, respondeu:

– Terminei o quarto ano com a professora Rita e gosto de ajudá-la na escola da fazenda.

– Quanto ganha por isso?

– Nada, doutor. A professora sempre me empresta livros...

– A professora dá aulas à noite, não é mesmo?

– Sim, doutor.

– Então você pode ir à noite para a escola. Doravante, trabalhará para mim.

Ageu ficou feliz, pois fazia tempo que vinha pedindo ao irmão que lhe arranjasse alguma ocupação. De súbito, Silvério mudou de ideia.

– Como sabe, estamos entrando no período da safra. Então, você terá que estar às quatro da manhã na mangueira e, durante o dia, trabalhará como contador das sacas. Todos os dias me entregará um relatório de quantas sacas entraram no paiol.

Ageu, sem compreender, perguntou:

– Doutor, mas quem faz isso não é o Joaquim?

– Sim! Você vai contar as sacas de café junto com ele. Eu darei caderno e lápis para você anotar a contagem e me entregar todas as noites, para que eu registre nos livros da fazenda. Ganhará como um chefe de família, ou seja, dois mil réis ao mês, porém a única coisa que exigirei será lealdade.

Ageu logo respondeu:

– Senhor, o Joaquim implicará comigo. O senhor não sabe como ele trata os colonos...

– Não se preocupe com o Joaquim. Ele é problema meu. E tem mais: todas as ordens que ele lhe der, você deverá me contar. Você só deve obediência a mim.

Feliz, Ageu respondeu:

– Ser-lhe-ei fiel como um cão.

– Ótimo! Não quero que ninguém saiba desta conversa.

Ozório, que a tudo ouvia em silêncio, pensou: "Se eu não tivesse começado a trabalhar tão cedo, teria ido à escola. Agora estou ganhando quinhentos réis e trabalho como um touro".

Silvério, como era um homem observador, percebeu que Ozório estava enciumado e ajuntou:

– Quanto a você, Ozório, ganhará o mesmo que seu irmão, mas, para ser merecedor desse aumento, terá que me ser fiel.

O rapaz mal podia acreditar. Com um largo sorriso, disse:

— Serei fiel, doutor! O que o senhor mandar, eu farei.

Silvério falou sorrindo:

— Quero que me conte tudo o que ficar sabendo na fazenda, principalmente no que diz respeito a Joaquim e Salim. Para começar, quero que me passe todos os preços dos produtos da venda.

Ozório respondeu um pouco constrangido:

— Posso passar de boca, doutor. Lá em casa, o único que conhece letras é Ageu.

Silvério sentiu pena do rapaz e ordenou:

— Então quero que passe a frequentar a escola da professora Rita à noite. Não admitirei mais analfabetos nesta fazenda.

O rapaz, com tristeza, respondeu:

— Não posso, doutor. Somos quatro irmãos; minha mãe morreu quando éramos crianças e meu pai morreu assassinado há dois anos.

Silvério pensou por alguns instantes e indagou:

— Você é filho do Zaqueu, não é verdade?

— Sim, doutor!

O fazendeiro se lembrou da conversa que tivera com Jonas e disse:

— Como seu pai foi assassinado?

— Não sei ao certo, doutor. Mas meu pai andou descobrindo algumas coisas que estavam acontecendo na fazenda e, numa noite, Joaquim foi à nossa casa e discutiu fortemente com ele. A discussão foi tão feia, que Joaquim andou batendo nele com o chicote. Depois disso, meu pai continuou trabalhando, mas passou a ter ódio do administrador e também de Salim, embora eu nunca tenha descoberto o motivo da briga. Depois de um mês, meu pai apareceu morto perto do brejo. Na época, Joaquim disse que havia visto um homem estranho percorrendo a fazenda, e todos nós acreditamos que esse homem fosse o assassino.

Silvério não teve dúvidas de que Joaquim estava envolvido naquela morte e percebeu o quanto ele era perigoso.

– Nunca conversem comigo perto de Joaquim ou Salim – ele disse aos rapazes. – Vocês devem vir conversar comigo à noite.

Ozório, com olhar triste, disse:

– Então, eu não poderei ir à escola...

– Você e seus irmãos irão à escola – o fazendeiro enfatizou. – À noite, mandarei uma mulher cuidar dos seus irmãos mais novos enquanto vocês estudam.

– Mas que horas virei conversar com o senhor, se as aulas começam às sete horas?

– Você virá toda noite antes de ir para a escola.

Ageu não estava acreditando no que ouvia; era muita felicidade para um único dia. Pensou por uns instantes e perguntou:

– Doutor, e se Joaquim implicar comigo como fez com meu pai? O que faço?

– Não faça nada! Venha e me conte, que eu resolverei a questão. E não falem a ninguém sobre o que conversamos; não comentem isso nem mesmo entre vocês.

Os dois concordaram e, desta vez, foi Ozório quem perguntou:

– Podemos ir, doutor?

– Sim. Amanhã mesmo vou conversar com a professora Rita, para que você possa frequentar as aulas.

Eles saíram, e Silvério pensou: "Preciso proteger esses dois meninos, pois, se afrouxar as rédeas, eles acabarão na beira do brejo".

Saindo do escritório, Silvério disse à esposa:

– Bernadete, pode jantar sem mim. Vou à venda e volto logo.

Estranhando aquela atitude, a mulher indagou:

– Você vai à venda a essa hora?

– Preciso conversar com o Joaquim e sei que neste horário o encontrarei tomando cachaça – explicou Silvério.

– Por que não deixa essa conversa para amanhã? – ela ponderou.

Silvério, sorrindo, respondeu:

— Amanhã teremos mudanças, e Joaquim será o primeiro a saber.

Bernadete, passivamente, concordou. O fazendeiro pegou seu chapéu e saiu. Ao chegar à venda, encontrou dois colonos tomando cachaça, enquanto Joaquim conversava animadamente com Salim. Ele entrou e os dois colonos, que estavam sentados, tiraram os chapéus. Silvério, fingindo bom humor, disse ao dono da venda:

— Salim, dê-me uma dose da melhor cachaça que tiver.

Joaquim, como bom bajulador, logo perguntou:

— O doutor aqui a esta hora?

— Todo homem tem o direito de tomar uma boa cachaça, concorda?

— Certamente, doutor!

Silvério odiava cachaça, porém se esforçou para entornar um gole e, encostado no balcão, foi logo dizendo:

— Joaquim, você sempre foi um bom empregado, prestativo, fiel e honesto.

O administrador abriu um largo sorriso, deixando à mostra a falha que tinha em um dos dentes.

Silvério prosseguiu:

— Como sempre foi um bom empregado, cheguei à conclusão de que está na hora de deixá-lo descansar um pouco.

Joaquim aprumou-se sobre as pernas, demonstrando sua altivez perante o patrão.

— O que o senhor quer dizer com isso, doutor?

Silvério, esboçando um sorriso, explicou:

— A colheita está prestes a começar, de modo que coloquei Ageu, irmão do Ozório, para contar as sacas de café que entrarem no paiol.

Indignado, Joaquim perguntou:

— Por que isso agora, doutor? Sempre fiz esse trabalho...

— Como já lhe disse, quero que dê maior atenção à colheita, pois na última safra perdemos muitos grãos.

— Isto não é verdade, doutor! Sempre mando os colonos varrerem sob os pés de café.

Silvério, sentindo nojo daquele homem, disse com mansidão:

– A partir de amanhã, será assim. Essa foi a decisão que tomei. Nada pode ficar sempre como está. É imperioso haver mudanças vez por outra.

Joaquim, não se dando por vencido, perguntou:

– O doutor não confia mais em mim?

– Não se trata disso. Quero que cuide da colheita, pois contar sacas é coisa para moleque.

O administrador deixou transparecer todo o seu ódio pelo olhar e, sem hesitar, desafiou:

– Se o senhor está desconfiando de mim, peço que me demita agora!

Silvério, esboçando um sorriso nervoso, respondeu:

– Não quero que vá embora! Pelo contrário, vou aumentar seu salário em dois mil réis. Você, que ganha três mil, passará a ganhar cinco mil réis ao mês.

Joaquim pensou por alguns instantes e decidiu que seria mais vantajoso ficar trabalhando na fazenda. Na verdade, com suas falcatruas, já ganhava quase vinte mil réis ao mês e ganharia dois a mais. Então, esboçou um sorriso e falou:

– Se é assim que o patrão quer, assim será.

Silvério pagou pela cachaça e se retirou. Salim, que ouvira toda a conversa, comentou:

– Não estou vendo essa mudança com bons olhos. O patrão está desconfiado de alguma coisa.

Joaquim, sorrindo, respondeu:

– Vou sabotar o moleque e logo ele me devolverá a função.

– Não faça nada contra o rapaz – alertou o comerciante. – Duas mortes na mesma família é muito suspeito.

– Não estou pensando em matar ninguém. Apenas em mostrar ao patrão que o moleque é inadequado para o trabalho.

Salim não gostava quando Joaquim falava daquela maneira e alertou:

– Salim não quer encrenca. Portanto, não faça mal ao moleque.

– Turco, fique tranquilo – o outro disse rindo. – Não vou precisar mais da sua ajuda.

Enquanto seguia para casa, Silvério pensou: "Ageu não sabe o perigo que está correndo. Joaquim fará tudo para prejudicá-lo e eu terei que passar algumas coordenadas ao rapaz".

Em casa, já em seu quarto, o fazendeiro sentiu vontade de contar à esposa o que havia descoberto, porém teve receio de que ela contasse a Zulmira, que gostava imensamente de Joaquim, embora não confiasse nele.

Bernadete penteava os cabelos quando perguntou:

– E então, conversou com Joaquim?

– Sim – respondeu Silvério laconicamente.

A mulher sabia que, quando o marido era sucinto em palavras, significava que não queria conversar. Então, logo se deitou e em pouco tempo dormiu. Silvério, ao contrário, revirava-se na cama enquanto refletia: "Preciso estar sempre um passo à frente de Joaquim. Ele se irritou com a notícia, de modo que não terá escrúpulos para denegrir a imagem de Ageu".

Começou a pensar sobre a morte do pai dos garotos e disse a si mesmo: "Esse assassinato não ficará impune. Preciso arranjar uma maneira de provar a culpa de Joaquim".

Silvério se pôs a pensar também no velho turco, concluindo que os dois eram cúmplices em toda a roubalheira da fazenda. Passava das duas horas da manhã quando, vencido pelo cansaço, Silvério adormeceu.

CAPÍTULO 7

Ameaça e precaução

Naquela noite, Jonas estava imensamente feliz, de modo que não parava de falar. Assustada com a transformação do homem, a esposa perguntou:

— Por que está tão feliz?

Jonas, sorrindo, respondeu:

— Porque agora as coisas vão mudar na fazenda. E, pode acreditar, será para melhor.

Maria José, sem compreender, perguntou:

— O que o doutor Silvério queria com você?

— Começarei a trabalhar na colheita. E ele me ofereceu um aumento.

— Por que ele lhe daria um aumento, sendo que não propôs aumento a nenhum colono que trabalha na colheita? — ela inquiriu.

— Não seja curiosa, mulher. Não há nada do que desconfiar. Ele me ofereceu um aumento e eu recusei, porque não achei justo com os outros colonos.

Maria José indagou surpresa:

– Você recusou um aumento?

– Sim! O que estamos ganhando agora dá para levarmos uma vida um pouco mais digna.

A mulher resolveu se calar, pois sentia em seu coração que não era só aquilo. Os dois chegaram em casa, e as crianças estavam com fome. Rapidamente jantaram, sem conversar. Dirceu estava cansado, pois havia feito todo o trabalho da casa e cuidado dos irmãos; sendo assim, logo que cumprimentou os pais, foi se deitar.

Maria José, sentindo pena do filho, disse:

– Cuidar da casa e dos irmãos não é fácil. Tenho pena do meu filho.

Jonas pensou: "Logo você não precisará trabalhar mais e tudo voltará ao normal nesta casa. Contarei as sacarias antes mesmo de Joaquim fazê-lo e o entregarei para o doutor Silvério". O que o pobre homem não sabia era que Silvério já havia cuidado do assunto.

Jonas, sentindo-se impotente pelo fato de ser analfabeto, disse à esposa:

– Maria, amanhã à noite vou procurar a professora Rita.

Curiosa, Maria José perguntou:

– O que quer conversar com a professora?

– Vou pedir que me ensine a ler e escrever.

– Em qual horário você pretende estudar?

– À noite, como todos fazem. Firmino já está escrevendo e lendo que é uma beleza.

Maria José encarou o marido e falou:

– Você está tão esquisito...

– Só quero melhorar de vida, nada mais que isso – ele explicou.

Ela procurou não dar importância ao assunto. Logo se deitou e adormeceu, pois naquela noite estava excessivamente cansada. Jonas, demonstrando inquietação, revirou-se na cama várias vezes, pensando: "Joaquim não perde por esperar... O que lhe pertence está guardado".

A seguir adormeceu, e seu sono foi tranquilo e sem sonhos.

No dia seguinte, Ageu acordou disposto, afinal, seria seu primeiro dia de trabalho. O rapaz se levantou sem fazer barulho e foi à mangueira buscar os latões de leite, onde encontrou Jonas ordenhando as vacas. Ao vê-lo, o homem perguntou:

– Onde está o Ozório?

– Doravante, serei eu a buscar o leite – ele respondeu. – Depois vou ao terreiro contar as sacas de café que entrarem no paiol.

Jonas havia se enganado ao pensar que iria contar as sacas de café, porém ficou feliz em saber que Ageu estava encarregado de tal tarefa. Pensou: "O doutor Silvério é muito esperto. Quero ver agora Joaquim voltar à noite para roubar sacas de café".

O peão riu, enquanto Ageu o fitava sem compreender o motivo daquele riso. Jonas perguntou:

– E agora, como fará para estudar?

– Já terminei o quarto ano e ajudo a professora Rita a ensinar os alunos que têm dificuldade – o rapazinho explicou.

– E o que você ganha com isso?

– Dona Rita me empresta livros para ler.

– Só isso? Você trabalha de graça, só por causa dos livros?

Ageu, entusiasmado, respondeu:

– Jonas, quando lemos, entramos em outro mundo e passamos a viver a história.

O peão disse:

– Vou entrar na escola, pois quero aprender a ler e escrever. Não é porque somos pobres que temos que ser burros.

Ageu, sorrindo, respondeu:

– Ninguém é burro. O que falta para muitas pessoas é a oportunidade de se alfabetizar. Quando o senhor descobrir o gosto pela leitura, vai entender por que eu gosto tanto de ajudar dona Rita.

Jonas riu animado.

– Vou aproveitar e falar com dona Rita sobre meus filhos frequentarem a escola, pois eles precisam aprender.

– Muito bem, faça isso; o senhor não vai se arrepender. Compre lápis, borracha e caderno na venda, e não desista.

Jonas sorriu sem nada dizer. Assim que terminou de ordenhar as vacas, entregou os latões para Ageu levá-los à casa-grande na pequena carroça; depois soltou as vacas no pasto e em seguida foi ao cafezal, começando assim suas novas tarefas na fazenda.

Ao chegar, Joaquim disse irritado:

– Isso é hora?

Jonas respondeu:

– O patrão mandou que eu ordenhasse as vacas. Todos os dias, chegarei nesse horário.

– O doutor não pode desrespeitar as minhas ordens! Para mim, você não passa de um vagabundo! – Joaquim gritou.

Jonas sentiu o rosto queimar, porém sabia que não podia enfrentar o administrador. Então, baixando o olhar, com raiva, disse somente:

– Acho melhor o senhor conversar com o doutor Silvério. Estou aqui apenas para cumprir ordens.

– Chega de conversa e vá trabalhar! – Joaquim ordenou. – Não quero um grão no pé de café.

Jonas saiu rapidamente e logo se enredou no cafezal, longe das vistas de Joaquim. Trabalhou com vontade e afinco, enquanto ouvia as conversas das pessoas. Havia mulheres e crianças trabalhando na colheita, e ele percebeu que era mais fácil ouvir conversas de mulheres, pois elas não mediam as palavras. Cacilda, que costumava trabalhar em todas as colheitas, passou a dizer a Josefa:

– Não gosto desse homem! Ele não presta.

– De quem você está falando? – a outra perguntou.

– De Joaquim. Esse homem é filho do coisa-ruim.

Josefa, passando a mão com desenvoltura nos galhos, respondeu:

– Ninguém tira da minha cabeça que foi ele quem matou o pobre Zaqueu.

Cacilda perguntou:

– Por que acha isso?

– Porque, no dia do sumiço de Zaqueu, eu o vi conversando com Joaquim perto da cerca do barrão.

Cacilda falou:

– Mas o barrão fica a poucos metros do brejo.

– Então... Pra ele foi fácil matar o pobre homem e jogá-lo no brejo.

– Mas ele não poderia ter levado o corpo sozinho, pois Zaqueu era um homem grande e pesado. Alguém o ajudou.

Jonas, que trabalhava calado, escutava tudo com atenção. Cacilda passou a dizer:

– Zaqueu sempre foi um homem bom e todos gostavam dele. Gente boa morre cedo, mas esse filho do cão vai viver muito tempo, para pagar toda a maldade que faz conosco.

Depois, as duas mulheres mudaram o rumo da conversa, falando de coisas amenas. Jonas mudou para outro pé de café, onde havia outras mulheres trabalhando, porém essas pouco falavam e, assim que terminaram de colher os pequenos frutos, Jonas passou a juntar os grãos.

Joaquim apareceu rindo:

– O que há com você? Só gosta de trabalhar com mulheres? Dona Maria José precisa saber disso.

Jonas, com ódio, retrucou:

– Não estou fazendo nada de errado. Apenas cumprindo meu dever.

Naquele momento, todos ficaram quietos, porém a mente do peão fervilhava: "Aposto que quem ajudou a levar o corpo de Zaqueu para o brejo foi Salim, pois os dois ficaram muito amigos depois do ocorrido".

Jonas decidiu então trabalhar sozinho, pois Joaquim poderia muito bem envenenar sua esposa. Porém, embora estivesse trabalhando só, seus ouvidos estavam bem atentos a todas as conversas que surgiam no cafezal. A tarde já caía quando Joaquim mandou que Jonas varresse sob as copas dos pés de café.

Naquele dia, Ageu recebeu do patrão um caderno e um lápis, e, com precisão, os grãos que haviam sido ensacados no terreiro somavam 42 sacas. Joaquim estava visivelmente irritado com as anotações do rapaz, de modo que disse:

– Vá ajudar a limpar o terreiro, pois estou marcando as sacas de café.

Ageu, com imponência, respondeu:

– Desculpe, mas este é o meu serviço.

Terminou de anotar e levou o pequeno caderno ao bolso. Logo Silvério chegou e perguntou:

– E aí, Ageu, quantas sacas foram hoje para o paiol?

Ageu entregou o caderno ao patrão.

– Mais tarde passe na casa-grande para pegar o caderno de volta – Silvério falou. – Terei de fazer o apontamento nos livros da fazenda.

Joaquim lançou um olhar cheio de ódio para Silvério, que pouco se importou com o fato. O administrador foi até a venda e, aproveitando-se de que não havia ninguém ali, confidenciou a Salim:

– Meus planos foram frustrados para esta noite. O negrinho marcou exatamente as sacas que entraram no paiol e entregou o número ao doutor Silvério.

O comerciante era um homem franco e rebateu:

– Está na hora de parar com essas falcatruas. Você comprou terras e até um trator com dinheiro roubado. O doutor Silvério, para fazer o que está fazendo, deve estar desconfiado.

– Não há outro jeito a não ser matar esse sujeitinho intrometido – Joaquim falou. – Já dei cabo de Zaqueu e agora está chegando a vez de o filho fazer companhia ao pai no cemitério.

– Deixe de bobagem, homem! O menino não tem culpa. Ele está apenas cumprindo ordens do patrão.

Com ódio, Joaquim rebateu:

– Preciso arrumar uma maneira de dar fim nesse negrinho e fazer de conta que foi um acidente.

Salim não aguentou e gritou:

– Matar o menino vai complicar ainda mais a sua vida, homem! Pensa que as pessoas se esqueceram do assassinato do Zaqueu? Deixe de bobagem e trabalhe com honestidade. Você já rouba os colonos há anos, e os coitados nem sequer desconfiam. Já está rico, mas pelo jeito todo o dinheiro do mundo é pouco pra você!

Os dois não viram, mas Ageu, indignado, estava sob a janela da venda ouvindo a conversa. Ele saiu então sorrateiramente e correu em direção à casa-grande. Ao chegar à cozinha, o rapaz encontrou Zulmira descascando laranja para fazer doce.

– Dona Zulmira – ele disse –, preciso conversar com o doutor Silvério. A senhora poderia avisá-lo de que estou esperando?

A velha senhora perguntou sorrindo:

– O que você quer com o doutor, moleque?

Nervoso, ele insistiu:

– Por favor, avise a ele que preciso lhe falar com urgência.

Zulmira não deu importância, porém Maria José se levantou e foi até o escritório avisar o patrão. Silvério ordenou:

– Traga-o imediatamente ao escritório.

A mulher voltou à cozinha e avisou:

– O doutor Silvério quer vê-lo.

O rapazinho foi até o escritório e, ao bater, ouviu a voz do patrão:

– Entre, Ageu!

O rapaz estava nervoso e mal conseguia falar. Silvério percebeu que, para ele estar daquele jeito, algo muito grave havia acontecido. Então gritou por Maria José, que logo foi atendê-lo.

— Faça um chá de erva-cidreira e traga-o aqui — o patrão ordenou.

Maria José fez o que lhe foi ordenado, enquanto Ageu tremia sem parar. Depois de alguns minutos, o rapazinho foi se acalmando e conseguiu por fim relatar o que tinha ouvido sob a janela da venda.

— Doutor, o Joaquim está pretendendo me matar, assim como fez com meu pai — ele finalizou.

Silvério procurou acalmá-lo:

— Não se preocupe. Cuidarei da sua segurança.

— Como, doutor? Temo também pelos meus irmãos.

— Seu pai morreu por saber demais — o fazendeiro falou. — Então, por ora, faça o seguinte: aja como quem não sabe de nada. Enquanto isso, vou até a vila e contratarei um homem forte para garantir sua segurança e a de seus irmãos.

Ageu contra-argumentou:

— Doutor, assim que Joaquim perceber que esse homem está servindo de guarda para mim e meus irmãos, ele também poderá matá-lo.

Silvério, de cenho fechado, disse:

— Não se preocupe. Darei a esse homem uma arma. Se Joaquim bancar o valentão, darei ordem para que passe fogo. Volte para casa e faça de conta que nada aconteceu. Avise seus irmãos que eles sempre verão um homem olhando para a casa de vocês, mas não é para se preocuparem, pois é apenas um amigo.

Ageu pediu licença e saiu do escritório sem nem mesmo tomar o chá. Silvério, por sua vez, pensava: "Calhorda miserável! Pagará por todos os seus crimes, isso eu juro".

O fazendeiro saiu com rapidez e, pegando o automóvel que ficava na velha garagem, partiu em disparada. Ao chegar à cidade, entrou em uma venda onde viu um homem alto, negro e corpulento.

Silvério perguntou:

– Como se chama, meu rapaz?

– Benedito, senhor.

– Em que trabalha?

– Faço tudo o que aparecer, senhor.

Silvério, gostando do porte do homem, comentou:

– Estou precisando de um empregado, e pago muito bem.

– Para fazer o que, senhor?

– Quero que proteja um grupo de crianças que mora em minha fazenda.

Benedito, indiscretamente, perguntou:

– Proteger de quem, senhor?

– De qualquer um que queira lhes fazer mal.

O homem pensou por alguns instantes e indagou:

– Quanto paga, senhor?

– Pagarei três mil réis, com direito a comida e lugar para dormir.

Benedito mal podia acreditar no que ouvia, de modo que disse:

– Obrigado, meu Santo Expedito! Hoje fiz a promessa e no mesmo dia o senhor me deu a resposta de que tanto preciso.

Silvério gostou de saber que aquele homenzarrão era religioso.

– Em minha fazenda tem uma grande capela, e uma vez por semana o padre Bento vai lá rezar as missas.

– Quais são os dias das missas, senhor?

– Aos domingos, às sete horas da manhã.

Benedito, que também havia gostado de Silvério, respondeu:

– Quando começo a trabalhar, senhor?

– Agora mesmo! Vou lhe dar uma garrucha para se proteger e proteger as crianças. Vou lhe avisando: tenho um adminis-trador que não é nada fácil, então peço que tenha paciência com ele e ignore por completo suas provocações.

Benedito, sem entender, perguntou:

– E se alguém se atrever a mexer com as crianças, o que eu faço, senhor?

– Tem a minha ordem de passar fogo, seja lá em quem for. Não quero que perca nenhum menino de vista.

Benedito apenas pediu para pegar alguns dos seus pertences que estavam em um quarto no fundo da igreja.

– Por favor, volte em dez minutos – Silvério disse.

O homem saiu quase correndo e, em menos de dez minutos, trouxe consigo uma pequena trouxa de roupas e um instrumento de cordas. Silvério, sorrindo, perguntou:

– Você toca violão?

O homem respondeu bem-humorado:

– Não, patrão, isto aqui é uma viola.

– E qual a diferença?

Benedito explicou:

– O violão tem seis cordas e há outros que têm sete. A viola tem dez.

Silvério, que tinha apenas uma noção de piano, respondeu:

– Toco um pouco de piano. Frequentei a escola de música quando criança, mas o que gosto mesmo é de Direito.

Benedito, em sua simplicidade, falou:

– Eu também gosto.

Surpreso, Silvério perguntou:

– Você tem noção de Direito?

– Todo mundo tem, doutor. Afinal, todo mundo sabe o que é direito e o que é errado.

Silvério não se conteve e começou a gargalhar. Com isso, passou a explicar que ele, além de fazendeiro, era também advogado. Benedito se sentiu envergonhado e, baixando os olhos, pediu perdão por sua ignorância. Silvério, sentindo pena do homem, respondeu:

– Não precisa ficar constrangido. Ninguém neste mundo sabe de tudo.

Benedito, não querendo cometer mais gafes, decidiu ficar calado durante o trajeto. Silvério, percebendo sua introspecção, perguntou:

– De onde você vem?

– Nasci em uma cidade chamada Cajobi, no interior de São Paulo – ele explicou. – Fiquei lá até os dezessete anos. Depois que minha mãe morreu, fui para a capital tentar a vida. Meu irmão me acompanhou e, depois de três anos, ele disse que havia uma fazenda na qual iria pedir emprego. Depois disso nunca mais o vi, mas, pelo que sei, a fazenda fica por estas bandas. Quando eu tinha vinte anos, me casei. Minha esposa engravidou e morreu ao dar à luz. Então comecei a procurar meu irmão.

– Aqui por estas bandas há tantas fazendas, que não será fácil encontrá-lo – Silvério observou.

– Isso é verdade – Benedito concordou. – Cheguei à vila há mais de um mês. O vigário precisava de uma pessoa para pintar a casa paroquial, e eu me prontifiquei. Como ele sabia que eu não tinha um lugar para ficar, me ofereceu um quarto que fica nos fundos da igreja. Durante o dia, eu saio a fazer alguns biscates, para conseguir dinheiro, e o vigário tem me ajudado muito a esse respeito.

Silvério gostou da honestidade do homem e perguntou:

– Como se chama o irmão pelo qual procura?

Benedito, sem hesitar, respondeu:

– Zaqueu Donato dos Santos.

O fazendeiro sentiu um frio percorrer-lhe a espinha e questionou:

– Benedito, você já pensou na hipótese de não mais vê-lo?

– Que é isso, doutor? Neste mundo, até as pedras se encontram. Meu mano deve estar sentindo saudades de mim, assim como eu sinto dele.

Silvério pensou: "Acho que arrumei encrenca".

Benedito começou a falar sobre como se dava bem com o irmão mais velho e como fora desastrado em não acompanhá-lo. Silvério ouvia tudo em silêncio. Quando chegaram à fazenda, era noite e não deu para Benedito prestar atenção à paisagem. O fazendeiro pensou por alguns instantes e teve uma ideia:

— Venha, vou levá-lo a uma casa onde poderá ficar por uns tempos. Amanhã conversaremos melhor.

Benedito acompanhou Silvério à pequena colônia da fazenda. Ali, o fazendeiro chamou por Ozório e ordenou:

— Acolha este homem em sua casa. Dê-lhe comida e um lugar para dormir. A partir de amanhã, ele passará a acompanhá-los por todos os lugares.

Neste momento, Ageu saiu e disse sorrindo:

— Seja bem-vindo, senhor...

— Benedito — respondeu o homem.

Ozório, intrigado, comentou:

— Temos um tio perdido no mundo que se chama Benedito.

O outro não deu muita importância, mas rapidamente se afeiçoou aos rapazes, sem nem mesmo entender por quê. Porém, sua predileção foi por Ageu.

Silvério perguntou:

— Tem colchão sobrando?

— Não, senhor! — Ozório respondeu. — Temos apenas uma rede.

— Benedito, hoje você dorme na rede — o fazendeiro orientou. — Amanhã providenciarei uma cama, um colchão e roupas de cama. Não se preocupe com o alimento, pois poderá fazer suas refeições na cozinha da casa-grande até se instalar melhor.

Benedito respondeu:

— Doutor, não se preocupe. Ficarei bem. Já dormi nas ruas tantas vezes que aqui para mim é um palácio.

Silvério ordenou:

— Venha conversar comigo amanhã às sete horas, pois preciso lhe passar algumas instruções.

Benedito apenas anuiu com a cabeça, sinalizando obediência. Silvério se despediu e foi para sua casa pensando: "Não poderia ter arranjado pessoa melhor para cuidar dos meninos do que o próprio tio deles".

CAPÍTULO 8

Presença de Zaqueu

Em casa, Silvério encontrou a esposa sentada, olhando para o nada.

– Por que não está dormindo? – ele perguntou.

Bernadete respondeu com outra pergunta:

– Onde você esteve?

– Fui à vila contratar um novo peão para trabalhar na fazenda.

– E precisava ir a esta hora?

Silvério respondeu com calma:

– Como você sabe, eu tenho muitos afazeres e, se deixasse para tratar desse assunto durante o dia, poderia demorar mais tempo.

Desconfiada, a mulher perguntou:

– Por que não me avisou aonde ia?

– São negócios, Bernadete, apenas negócios.

Com lágrimas nos olhos, ela falou:

– Nos últimos dias, você tem andado muito estranho. Não tem jantado em casa, sai à noite, vai à venda e, para piorar, vai à vila sem mim...

Silvério percebeu que a esposa estava com caraminholas na cabeça e, com isso, perguntou:

– Por acaso está duvidando da minha palavra?

Bernadete, irritada, respondeu:

– Não tenho culpa se meu marido muda comigo e me deixa jantando sozinha todas as noites.

Ele respirou fundo e a chamou:

– Venha, preciso lhe contar algumas coisas que vêm acontecendo.

Mas a esposa, irredutível, perguntou à queima-roupa:

– Por acaso você esteve com alguma mulher?

Silvério, não suportando a acusação, respondeu:

– Chega! Venha comigo, Bernadete!

Temendo o acesso de raiva do marido, ela decidiu acompanhá-lo. Silvério a esperou entrar no escritório e em seguida trancou a porta por dentro. Bernadete sentiu medo e perguntou:

– Por que trancou a porta?

Silvério sentou-se em sua cadeira e disse:

– Muitas coisas estão acontecendo na fazenda e não acho justo deixá-la fora disso.

Assustada, Bernadete, sentada em frente ao marido, permaneceu calada, esperando que ele começasse a falar. Silvério sempre fora um homem lacônico, porém naquela noite estava disposto a revelar tudo.

– Bernadete, tudo o que lhe direi aqui não pode sair deste escritório, entendeu? Antes de falar, quero que jure que não contará a ninguém sobre nossa conversa.

Curiosa, ela pediu:

– Fale de uma vez, homem!

– Não falarei se você não me jurar obediência.

Ela pensou por alguns instantes e perguntou:

– Não posso falar nem para a Zulmira? Como sabe, confio plenamente nela, pois ela me acompanha desde criança...

– A ninguém! Principalmente a Zulmira.

Silvério sabia que a mulher só não falava quando jurava diante da bíblia e do crucifixo. Então foi até a parede, pegou a bíblia que estava aberta em um suporte ao lado esquerdo de sua cadeira e, colocando-a de pé, disse:

– Você jura diante das santas escrituras e do santo crucifixo que jamais contará a ninguém o que conversaremos aqui?

Bernadete perguntou:

– Precisa de tudo isso?

Ele foi enfático ao dizer:

– Se não jurar diante da bíblia e do crucifixo, nada lhe contarei.

A mulher sabia que, se não fizesse o juramento, não teria acesso aos segredos do marido. Por isso, jurou com a mão direita sobre a bíblia e com o crucifixo na mão esquerda. Depois beijou o crucifixo e o entregou ao marido.

Silvério começou a falar sobre tudo o que havia descoberto nos últimos dias, principalmente sobre o roubo das sacas de café; sobre a morte de Zaqueu e as ameaças ao menino Ageu. Por fim, contou o porquê de ter ido à vila procurar um homem para proteger os irmãos.

Bernadete, boquiaberta, perguntou:

– Por que não entrega o Joaquim à polícia?

– Não posso fazer isso sem antes ter as provas de que preciso.

– Imagine quanto esse salafrário roubou do meu pai... – ela falou. – E o pior é que meu pai confiava plenamente nele e só se referia a Joaquim como seu braço direito.

– Entende agora por que a fiz jurar sobre a bíblia e o crucifixo? – o marido falou. –Zulmira gosta imensamente de Joaquim e, se ela ficar sabendo, contará tudo a ele, que continuará fazendo as mesmas coisas.

Bernadete resmungou:

– Joaquim é um lobo vestido de ovelha. Enganou-nos por muitos anos.

Silvério passou então a falar de Benedito e de sua descoberta. Bernadete, ao ficar sabendo que ele era tio das crianças, ficou atônita e comentou:

— Você vai contar ao pobre homem que seu irmão está morto e que ele está hospedado na casa dos próprios sobrinhos?

— Sinceramente, não sei o que fazer — confessou Silvério.

Bernadete, além de ser uma bela mulher, apesar de seus quarenta e tantos anos, era também muito sagaz.

— Acho que você deve contar a verdade a Benedito — aconselhou. — E pedir a ele que não conte nada aos meninos, pelo menos por enquanto.

Silvério pensou por alguns instantes e falou:

— Acho que você tem razão. Se ele souber que os meninos são seus sobrinhos, ficará mais atento ainda quanto à segurança deles.

Bernadete, sentindo-se envergonhada por ter desconfiado do marido, pediu-lhe desculpas. Silvério, que a amava muito, disse:

— Nunca duvide de minha honestidade. Sempre lhe fui fiel e sempre o serei; afinal, essa foi a promessa que fiz diante do padre quando nos casamos. Agora vamos dormir, pois amanhã teremos um longo dia pela frente.

— Você não vai jantar? — ela perguntou.

— Não! Estou sem fome. Ademais, estou muito preocupado com toda essa situação.

A mulher abraçou ternamente o marido e falou:

— Creio que esteja enganado.

Curioso, Silvério fitou-a indagando:

— Como assim?

— Você quer provas contra o Joaquim, não é verdade?

— Sim!

— Acho melhor deixar que ele continue a trazer as anotações das sacas para você, porém fique de olho, sem que ele perceba.

Silvério inquiriu:

— O que vou fazer com Ageu?

– Simples! Ageu será o seu olho. Ele contará as sacas, sem fazer nenhuma anotação, depois lhe falará o quanto entrou. Daí é só comparar as informações de ambos. Mas não esqueça: discrição é tudo!

O fazendeiro gostou da ideia da esposa e comentou:

– Que bom ter contado para você, pois não estava aguentando segurar esse fardo sozinho.

Ela riu e brincou:

– Mulher não serve somente para fazer bordados.

Silvério também começou a rir, abraçou a esposa e subiram juntos aos seus aposentos.

Silvério levantou-se às cinco e meia da manhã, porém o café ainda não estava posto. Maria José, preocupada, disse:

– Desculpe, doutor! Vou preparar a mesa num instante.

– Não se preocupe com isso; vocês não sabiam que eu iria me levantar tão cedo – ele respondeu.

Depois se trancou em seu escritório e ficou pensando na conversa que tivera com a esposa na noite anterior. Assim, levantou-se, levou a mão à bíblia e pediu a Deus:

– Senhor, peço que me dê serenidade e sabedoria para contar a Benedito toda a verdade.

Nesse instante, ele não percebeu, mas uma figura se fez à sua frente e, em pensamento, disse-lhe:

– Fui o responsável pela vinda de Benedito a essas bandas, para que ele cuide de meus filhos. Conte toda a verdade e deixe que ele decida se contará aos meninos ou não. Deus está contigo nessa empreitada e, quanto a mim, tudo farei para ajudar.

Nesse momento, outra figura se fez presente e, com suavidade na voz, falou:

– Zaqueu, ficarei contigo até o final. Mas, lembre-se, mantenha a serenidade para não atrapalhar a vida dos encarnados.

Zaqueu levantou a mão direita e colocou-a sobre o ombro de Silvério. Nesse instante, o fazendeiro sentiu uma paz indizível e, mesmo sem ouvir, registrou as palavras do desencarnado, que pela primeira vez visitava a fazenda após seu desenlace.

Orfeu, a figura ao lado de Zaqueu, sorrindo disse-lhe:

– Vamos visitar seus filhos.

Zaqueu, com sinceridade, falou:

– Joaquim tirou-me a vida; agora o que me resta fazer é vibrar por meus filhos, para que façam as escolhas certas na vida e não guardem ódio no coração, sobretudo quando descobrirem como se deu a minha morte.

Orfeu perguntou:

– Que morte? Que eu saiba, você não está morto.

Zaqueu respondeu:

– Não quis dizer morte, apenas uma mudança de estado.

– Assim ficou melhor, não acha?

Zaqueu e Orfeu sorriram e desapareceram do escritório de Silvério, que, sentando-se à mesa, disse para si mesmo: "Estranho... Nem mesmo quando vou às missas sinto tamanha paz como senti hoje. Deus ouviu as minhas preces, e eu já sei o que devo fazer".

Então bateram à porta, e ele falou:

– Entre!

Era Maria José, anunciando que o café estava servido. Silvério agradeceu e ajuntou:

– Hoje virá aqui um homem chamado Benedito. Diga a Zulmira para lhe dar um café da manhã reforçado e também todas as refeições do dia. E, por favor, assim que ele terminar de fazer seu desjejum, traga-o ao meu escritório.

Silvério levantou-se apressadamente e foi até a copa para fazer sua primeira refeição do dia. Comeu sem nem mesmo sentir o gosto do café e logo voltou ao escritório. Ao sentar-se, tirou seu relógio de bolso e viu que passava das seis e vinte.

Pegou os livros de registro da fazenda e começou a verificar a quantidade de sacas que estavam anotadas.

– Como pude ser tão cego a ponto de não perceber que estava sendo roubado? – ele disse em voz alta. – Temos quase mil pés de café, e a quantidade deveria ser o triplo do que está marcado nestes cadernos de registros.

Silvério não sentia raiva de Joaquim, mas dele mesmo, por ter sido tão relapso com as contas. Decidiu que, durante um ano, não exerceria sua função de advogado e voltaria toda a atenção para a fazenda.

Abriu outro caderno de registro, onde marcava a quantidade de gado, e não demorou a perceber que o número de reses diminuíra sensivelmente no decorrer dos anos. Nesse instante, começou a pensar sobre onde Salim devia comprar as linguiças e carnes secas para vender.

– Esses dois vão saber que com Silvério Reis não se brinca – falou com rudeza.

Enquanto analisava outros registros, Maria José o avisou de que Benedito o esperava na cozinha.

– Mande-o entrar, por favor. Ah, e não quero ser interrompido nem mesmo por Bernadete.

A empregada anuiu com a cabeça e saiu com rapidez em direção à cozinha.

– O patrão hoje está bravo – ela disse a Zulmira, que perguntou:

– Como pode saber?

– Tem razão; pode ser coisa da minha cabeça.

Zulmira, que mexia uma panela de doce, passou a dizer:

– Doutor Silvério sempre foi um bom homem, muito educado, e sempre tratou bem os empregados; diferente do pai de dona Bernadete.

Maria José interessou-se pela conversa.

– Como se chamava o pai de dona Bernadete?

– Gumercindo Magalhães. Era um homem tinhoso que só! Ele gostava de Joaquim, que veio trabalhar ainda moço na fazenda.

Maria José perguntou:

— Quanto tempo faz que o pai da patroa morreu?

— Dezessete ou dezoito anos...

— Morreu de quê?

Zulmira mexeu a panela mais uma vez, olhou firme para Maria José e, com simplicidade, respondeu:

— Ninguém sabe ao certo. Ele saiu a cavalo. Estava bem, mas depois de quatro horas o encontraram morto perto da cerca do barrão. O médico veio, mas não dava tempo de fazer mais nada, pois quando o trouxeram à casa-grande ele já estava morto.

Maria José comentou:

— A esposa do patrão deve ter ficado arrasada...

— Dona Eulália já tinha morrido nessa época. O patrão era viúvo. A sinhá Bernadete era pequena quando a mãe morreu.

— E quem a criou? — a esposa de Jonas perguntou depois de um breve silêncio.

— Eu criei a sinhá. Por isso somos tão amigas; acho que ela me tem como mãe.

Maria José sorriu:

— Agora entendo por que ela quer que eu fique em seu lugar. A senhora já está cansada.

— Maria, eu trabalho por causa da sinhá — ela respondeu —, mas a vontade é mesmo de ficar em minha casinha, pois não há parte do meu corpo que não doa. Minhas mãos e minhas pernas latejam, minhas costas também. Estou precisando de descanso.

Maria José, levando a mão ao ombro da velha empregada, perguntou:

— Há quanto tempo trabalha para a família de dona Bernadete?

— Desde que nasci — respondeu Zulmira. — Minha mãe trabalhava como cozinheira na época da escravidão. Foi ela que me ensinou a cozinhar para os senhores da fazenda.

— Quantos anos a senhora tem?

Zulmira, com seu jeito matuto, respondeu:

– Nasci em vinte e quatro de junho de mil oitocentos e cinquenta e quatro. Como estamos no ano de mil novecentos e trinta, faça as contas.

Maria José pensou por alguns instantes e disse assustada:

– A senhora tem setenta e seis anos?

– Sim! Já era tempo de ter me afastado da cozinha...

Zulmira continuou:

– Quando minha mãe adoeceu e não pôde mais trabalhar, eu estava com vinte e seis anos. Este ano faz cinquenta anos que enfrento este fogão todos os dias.

Maria José, penalizada, propôs:

– Vamos fazer um trato? A partir de hoje, a senhora fica sentada. Pode deixar que eu faço tudo o que for preciso e, quando precisar de ajuda, eu lhe peço.

Zulmira, que já gostava daquela mulher generosa, falou:

– Se todos pensassem nos velhos, o mundo seria bem melhor.

– Sente-se na cadeira que eu termino o doce – Maria José disse sorrindo.

Zulmira tinha um joanete horrível nos pés. Tirando o chinelo, mostrou-o a Maria, que comentou com compaixão:

– Salmoura faz bem. Depois do almoço, quando tudo estiver tranquilo, lavarei seus pés para aliviar a dor.

Zulmira ficou surpresa com as palavras dela.

CAPÍTULO 9

Revelação a Benedito

Acanhadamente, Benedito entrou no escritório de Silvério e, com respeito, disse:

— O senhor me chamou e aqui estou.

Silvério, olhando passivamente para o homem, ordenou:

— Sente-se, preciso ter uma conversa séria com você.

Benedito olhou para ele e perguntou com tristeza:

— O senhor está arrependido de ter me trazido para a fazenda, doutor?

— Aquiete seu coração, homem! Não é nada disso.

O fazendeiro procurou palavras para começar a conversa e, ajudado por Zaqueu, que colocou a mão suavemente em seu ombro, passou a falar:

— Benedito, há cerca de vinte e cinco anos, um rapaz chegou à fazenda pedindo emprego. Era um homem bom, trabalhador e honesto. Com o tempo, ele se enrabichou com uma moça da colônia e logo se casaram. Eles tiveram quatro filhos: o primeiro foi Ozório, que hoje conta com vinte anos; Ageu, que tem pouco mais de quinze anos; Anatólio, que tem onze; e Artur, que tem nove.

Benedito, sorrindo, disse:

– O patrão esqueceu que eu fiquei na casa desses meninos a noite passada?

Silvério pensou por alguns instantes e continuou:

– A mãe desses meninos morreu quando deu à luz o último filho, e o pai morreu há dois anos. Ele foi assassinado, não se sabe ainda por quem, mas vou descobrir.

Benedito indagou:

– Qual era o nome do pai dos meninos?

O fazendeiro sentiu como se houvesse levado um soco no estômago e, depois de olhar para as mãos, respondeu quase sussurrando:

– Zaqueu Donato dos Santos.

No primeiro momento, Benedito ficou mudo; em seguida, começou a chorar compulsivamente. Silvério permaneceu em silêncio, esperando que ele se acalmasse.

Benedito, ainda chorando, perguntou:

– Quer dizer que os meninos são meus sobrinhos?

– Sim, mas peço que não conte nada a eles, pelo menos por enquanto. Deixe que se acostumem com você.

Benedito voltou a indagar:

– Por que matariam meu irmão? Ele sempre foi o mais calmo de nós dois... Nunca bebeu e não arrumava confusão com ninguém.

Silvério, oferecendo-lhe um copo com água, passou a falar sobre suas suspeitas e a ameaça que Ageu havia escutado sob a janela da venda. Benedito, irado, falou:

– Esse canalha que não seja louco de mexer com os meus sobrinhos, pois, se ele é homem, eu também o sou.

– Calma! Tenho um plano, mas para isso precisarei de sua ajuda.

Benedito respondeu sem hesitar:

– Faço tudo o que o senhor mandar, doutor.

Silvério contou o que sabia e acrescentou:

– Hoje chamarei Joaquim para devolver a ele o posto de contador de sacas, pois não quero que ele faça nada contra Ageu. Mas, depois que ele dispensar os homens, faça a recontagem das sacarias.

Benedito perguntou:

– Mas o que tem isso a ver com a morte do meu irmão?

– Calma! Penso que, se Joaquim tiver alguma coisa a ver com a morte de seu irmão e com os roubos da fazenda, posso colocá-lo na cadeia.

– Já odeio esse sujeito – Benedito falou com irritação.

Zaqueu sugeriu a Silvério que mandasse Benedito se aproximar e travar amizade com o administrador, pois somente assim o crime seria descoberto. O fazendeiro, registrando os pensamentos do desencarnado, disse:

– Quero que seja amigo de Joaquim. Sempre esteja com ele e conquiste sua confiança. Somente assim ele poderá confessar a você o que talvez tenha feito.

Benedito, com os olhos faiscantes de ódio, falou:

– Tornar-me-ei seu melhor amigo. Sei fazer isso muito bem.

O patrão salientou:

– Não quero que faça justiça com as próprias mãos. Quando ele confessar, você virá me dizer e nós arranjaremos um jeito de fazê-lo pagar pelos seus crimes.

Silvério pegou uma garrucha da gaveta e entregou-a a Benedito, conforme lhe prometera antes.

– Ande com isso, mas só atire se for para defender os meninos ou a própria vida.

Benedito pegou a arma, olhou-a e, levando-a à cintura, disse:

– Fique tranquilo, doutor. O senhor não vai se arrepender por confiar em mim.

– Assim espero – respondeu Silvério.

Benedito levantou-se e foi tomar café. Ao chegar à cozinha, encontrou Ozório e Ageu. Fingindo uma alegria que estava longe de sentir, perguntou:

– Onde estão os meninos mais novos? Eles não vêm tomar café?

Ozório respondeu:

– Todos os dias eu levo as refeições para eles.

– Mas eles ficam sozinhos?

Ageu indagou:

– Sim, o que tem?

– É perigoso; são apenas crianças...

Os dois meninos sorriram, achando engraçada a preocupação dele. Benedito perguntou a Ozório:

– Gosta de viola?

– Adoro, mas não sei tocar.

– Não se preocupe, eu vou ensiná-los.

Zulmira, que ouvia a conversa, comentou:

– Desde que Januário morreu, nunca mais tivemos cantoria na fazenda. Ele trabalhou aqui durante muito tempo. Era violeiro dos bons e adorava uma festança.

– A senhora pode aquietar seu coração – disse Benedito. – Prometo que não faltará mais cantoria por aqui.

Zulmira e Maria José gostaram imensamente de Benedito, que mostrava ter bom coração.

– Não chegue atrasado para o almoço – a cozinheira falou. – A senhora Bernadete não gosta.

Benedito, preparando-se para sair, convidou os dois meninos:

– Vamos pra lida?

Eles, sorridentes, acompanharam aquele homem que nem imaginavam ser seu tio.

– Logo se vê que se trata de um bom homem – Zulmira observou.

Maria José ajuntou:

– Minha mãe sempre dizia que, quando Deus tira algo de nós, coloca outra coisa no lugar.

Benedito acompanhou Ageu até o paiol. Entrou e logo percebeu que, pelo tamanho da fazenda, as sacarias estavam baixas. Com isso, perguntou:

– Quem é o administrador da fazenda?

– O nome dele é Joaquim, aquele filho do cão.

Benedito, ao ouvir o nome daquele homem, sentiu vontade de procurá-lo e descarregar a garrucha em cima dele, porém controlou-se, lembrando-se da promessa que fizera a Silvério.

Ageu começou a falar que sua obrigação era contar as sacas e anotar no caderno, para entregar ao patrão. Benedito, que não era homem de ficar parado, rapidamente pegou um rastelo e começou a espalhar os grãos no terreiro, a fim de secarem.

Ageu contou as sacas, e Maria José logo o chamou dizendo que o patrão queria lhe falar. Benedito viu o menino sair correndo e, penalizado, falou para si mesmo: "Se o pai estivesse vivo, eles não estariam sofrendo dessa maneira".

Nesse momento, Benedito não viu, mas Zaqueu surgiu diante dele e disse:

– Acalme-se, meu irmão! Tudo está certo como está. Não perca sua paz por algo que não pode ser mudado. Deus não erra nunca, e tudo está em seu lugar.

Benedito não ouviu as palavras do irmão, porém registrou-as no coração. Olhando para o cabo do rastelo, pensou: "Minha revolta não vai mudar o rumo das coisas. Cabe-me agora ser o pai que esses meninos precisam". E voltou a espalhar os grãos no terreiro, mas não tardou para que Joaquim aparecesse gritando:

– O que está fazendo aqui, negro? Não contratei ninguém para o trabalho.

Dominando a raiva, Benedito falou com humildade:

– Sou Benedito e quem me contratou foi o patrão.

Joaquim, sorrindo com deboche, rebateu:

– Doutor Silvério é o dono. O patrão sou eu.

– Sim, senhor.

O administrador, percebendo o quanto ele era forte, mandou que fosse cortar lenhas e levá-las à casa-grande. Benedito foi sem reclamar. Joaquim, ao ver o homem se afastar, disse em voz alta:

– Preciso ter uma conversa com o doutor Silvério. Ele não pode contratar ninguém sem antes me avisar.

Então foi até a casa-grande, deixando o cavalo à sua espera. Deu a volta na casa e entrou na cozinha. Ao ver a velha empregada, perguntou:

– Zulmira, o doutor está?

– Sim – a mulher respondeu sorridente.

– Diga que eu quero ter um dedo de prosa com ele.

Maria José, sabendo da dificuldade da velha senhora, falou:

– Deixe por minha conta, dona Zulmira.

A esposa de Jonas foi até o escritório e, ao entrar, viu Ageu conversando com Silvério. Deu o recado e saiu. Naquele momento, o fazendeiro perguntava ao rapazinho:

– Entendeu o que espero de você?

– Sim, senhor. Depois que todos forem embora, vou contar as sacarias e virei falar para o senhor.

– Muito bem!

Ageu perguntou:

– E agora, o que vou fazer, doutor?

– Por enquanto você ficará no lugar do Ozório, ajudando as mulheres na cozinha.

Ageu pensou por alguns instantes e indagou:

– E quanto o senhor vai me pagar? Agora vou trabalhar menos.

– Vai ganhar o mesmo que combinamos, mas não conte para ninguém.

Ageu, feliz, saiu do escritório e, ao chegar à cozinha, encontrou Joaquim, que perguntou com rispidez:

– O que faz aqui, moleque?

– O doutor me chamou – ele respondeu com temor.

O administrador deixou à mostra sua imensa falha nos dentes quando disse:

– Menino fofoqueiro tem vida curta...

Ageu nada respondeu e saiu quase correndo da cozinha.

Zulmira perguntou:

– Por que fez isso com o rapaz?

– Não é da sua conta – respondeu Joaquim, que estava extremamente irritado em saber que Silvério havia contratado um homem sem antes falar com ele.

Zulmira respondeu:

– Cruz-credo, homem! Que bicho o mordeu? Você nunca foi malcriado comigo.

Voltando a fingir, Joaquim disse mansamente:

– Desculpe, Zulmira. Hoje estou nervoso.

A cozinheira era uma mulher de bons sentimentos, porém não esquecia uma ofensa. Maria José, que ouvira a conversa, tratou de falar sobre outros assuntos, percebendo na fisionomia da idosa o quanto ela estava contrariada.

Joaquim entrou no escritório de Silvério sem bater, o que deixou o fazendeiro bastante irritado.

– Como ousa entrar em meu gabinete sem antes bater à porta?

– Estava entreaberta e eu entrei – ele respondeu com displicência.

Silvério sabia que a porta não estava entreaberta, porém tratou de conter sua irritação e perguntou:

– O que quer?

– Quero saber por que o senhor contratou outro negro sem me consultar.

Silvério, rindo de modo debochado, falou:

– Acaso tenho a obrigação de consultá-lo para alguma coisa? Estas terras ainda são minhas, ou você já esqueceu?

Joaquim, controlando a raiva, baixou o tom de voz.

– Desculpe, senhor. É que ando nervoso.

O patrão ignorou o pedido de desculpas.

– Você veio ao meu gabinete só para isso?

Envergonhado, Joaquim respondeu:

– Sim, mas já estou saindo.

Silvério ordenou:

– Espere! Tenho duas coisas a lhe dizer: primeiro, que Ageu não contará mais as sacas de grãos; acho que ele está contando errado, portanto essa tarefa volta para você.

Joaquim sorriu com os olhos e perguntou:

– E a segunda?

– Contratei Benedito para ser o segurança da fazenda; portanto, não lhe dê tarefa alguma.

Indignado, Joaquim perguntou:

– O quê? O senhor contratou um negro pra ficar passeando na fazenda?

– Não! Benedito será o segurança. Por enquanto, ele ficará morando na casa do finado Zaqueu e, se ele se sair bem no trabalho, quero que mande reformar a velha casa abandonada da colônia.

– Mas por que isso agora, doutor?

– Fiquei sabendo que tem uns homens andando à noite nas fazendas e não quero que a minha seja invadida.

– Quem lhe disse isso? – Joaquim questionou. – Ando por todas estas bandas e não fiquei sabendo de nada.

Silvério pensou rápido.

– Quem me disse foi o coronel Bernardi, durante uma de minhas idas à vila.

O administrador estranhou o fato, porém não disse nada. Silvério, querendo pôr um fim à conversa, disse secamente:

– Tem mais alguma coisa que queira falar?

Joaquim respondeu:

— Eu não sabia que o tal negro era segurança e o mandei cortar lenha.

— Vá buscá-lo imediatamente e deixe-o andando nas cercanias da casa-grande.

Contrariado, o administrador rodopiou nos calcanhares e saiu sem nem mesmo pedir licença. Silvério pensou: "Joaquim não é bobo. Preciso ir até a fazenda do coronel e pedir que ele confirme a história". Levantou-se, pegou seu chapéu e saiu com o automóvel.

Joaquim viu o patrão sair, porém deu pouca importância ao fato.

Depois de duas horas, o almoço ficou pronto. Benedito, Ageu e Ozório foram almoçar. Benedito tratava os meninos com carinho e não foi difícil conquistar todas as pessoas da casa.

Assim que o serviço da cozinha ficou pronto, Maria José pegou uma bacia, colocou bastante sal e encheu-a com água quente. Zulmira sentou-se e ficou observando a mulher lavar seus pés com carinho.

— É a primeira vez que vejo uma mulher branca lavar os pés de uma preta velha como eu — ela disse rindo.

Maria José também riu e respondeu:

— Que diferença faz a cor? Se a senhora não tivesse me falado, acho que nem teria reparado.

As duas continuaram rindo e, a partir daquele dia, Zulmira só se referia a Maria como "minha filha".

CAPÍTULO 10

Falsa notícia

Jonas não gostava de trabalhar na colheita, onde pouco se ouvia falar sobre algo que incriminasse Joaquim. Os homens trabalhavam em silêncio, e as mulheres falavam apenas sobre coisas corriqueiras. Ele ouvia tudo, porém pouco dizia, pois sabia que Tião, outro peão, costumava contar tudo o que acontecia no cafezal durante a ausência de Joaquim. As mulheres conversavam sem parar, mas trabalhavam muito, de modo que o administrador não se importava.

Naquela tarde, em tom de cochicho, uma mulher chamada Davina começou a dizer:

– Comadre, graças a Deus, o bicho ruim do Joaquim não está aqui nos infernizando. Até o trabalho rende melhor sem ele por aqui.

A outra respondeu:

– Ele fica andando em meio ao cafezal e seu olhar me incomoda.

Davina e seu marido sempre tinham sido amigos de Zaqueu, por isso ela comentou:

— Você viu, comadre? O patrão contratou outro peão para trabalhar na fazenda. Fiquei sabendo que ele está morando com os filhos de Zaqueu.

A outra, em tom de comiseração, respondeu:

— Tenho pena daqueles meninos. Cresceram sem mãe e depois ficaram sem o pai. Agora, para finalizar, são obrigados a morar com um estranho dentro de casa.

Jonas ouviu o comentário e pensou: "Por que Maria não me disse nada?". Continuou ouvindo a conversa, e logo as duas mudaram de assunto. Jonas continuou a pensar: "Por que Maria me escondeu esse fato? Bem, isto não é da minha conta. Preciso desmascarar aquele sem-vergonha do Joaquim e seu cúmplice, aquele turco desgraçado".

O peão continuou trabalhando, porém naquele dia nada mais ouviu. A tarde ia caindo, e os homens logo pararam de trabalhar, mas o fato de Maria José não ter falado sobre o novo funcionário da fazenda continuava a incomodar Jonas.

Quando chegou a sua casa, Dirceu já havia feito o café, a casa estava arrumada e as crianças já estavam limpas, brincando na pequena sala. Jonas tomou um banho rápido e disse ao filho:

— Vou à casa-grande conversar com sua mãe.

Dirceu, pela fisionomia do pai, sabia que ele estava aborrecido.

— Papai, o senhor não vai brigar com a mamãe no trabalho dela, ou vai? — perguntou ele.

— Que é isso, moleque! Vou conversar e aproveitar para esperar a janta.

Dirceu anuiu com a cabeça, porém o menino conhecia o gênio do pai e sentiu o pavor dominar seus sentimentos. Jonas tomou café, enrolou um cigarro e saiu fumando com tranquilidade. Dirceu, ao ver o pai fechar o pequeno portão, pediu a Deus:

— Senhor, não deixe papai fazer besteira!

Ele não viu naquele momento uma figura se formar atrás de si. Era Zaqueu, que, colocando a mão em seu ombro, falou:

— Acalme seu coração, criança! Seu pai não fará nenhuma bobagem; confie em Deus.

O menino não ouviu as palavras do desencarnado e tampouco as registrou, porém sentiu muita paz e não pensou mais no assunto.

Jonas andou com rapidez até a casa-grande e logo chegou à porta da cozinha, onde encontrou Maria José mexendo o conteúdo de uma panela. Assustada, a mulher perguntou:

— O que faz aqui, homem? Aconteceu alguma coisa com os meninos?

Jonas sorriu e, com displicência, falou:

— Resolvi acompanhá-la até em casa.

Ela estranhou o fato de o marido ir ao seu trabalho, pois ele só a havia acompanhado uma vez, quando fora conversar com o patrão. A presença de Jonas na cozinha a incomodava, porém ela nada disse. Zulmira começou a conversar com o peão, perguntando sobre a colheita, e Jonas comentou:

— Este ano a colheita está sendo boa. Os pés de café estão vermelhos de tantos grãos.

Zulmira disse sorrindo:

— Se eu estivesse com as pernas boas, iria ver o cafezal.

Jonas pensou por alguns instantes e falou:

— Fiquei sabendo que o patrão está com outro peão. Por que a senhora não pede para levá-la de charrete ao cafezal?

Maria José ajuntou:

— Boa ideia! Se pedir para o Benedito, ele poderá levá-la.

— Logo mais ele virá para jantar e eu vou conversar com ele — a velha empregada disse. — Mas, antes, terei que pedir à sinhá para sair.

Maria José, sorrindo, respondeu:

— Fique tranquila, ela não fará objeção alguma.

Zulmira sorriu embevecida, pois sabia que Bernadete nunca lhe negava nada. Os três continuaram a conversar até que Ageu, Ozório e Benedito chegaram à cozinha. Benedito, apesar de sua estatura alta e robusta, mostrava ser um homem bonachão.

Maria José apresentou Jonas a ele, que falava sobre suas aventuras na capital. Jonas simpatizou-se com Benedito, de modo que logo a desconfiança se dissipou.

— Pensei que o patrão o havia contratado para trabalhar na colheita — Jonas observou.

Benedito, como era um homem arguto, respondeu:

— Minha função na fazenda é de segurança. Veja, o patrão até me deu uma garrucha para o caso de precisar.

— Por que isso? — Jonas perguntou.

— Não sei dizer, mas parece que estão invadindo algumas fazendas nas redondezas.

Ouvindo aquilo, Jonas falou sobressaltado:

— Maria, virei buscá-la todas as noites. Não quero que nada de mal lhe aconteça.

Benedito se adiantou:

— Não precisa se preocupar. Essa é a minha função.

O peão, embora não desse o braço a torcer, tinha terrível ciúme da esposa, mas fingiu tranquilidade.

— A fazenda é muito grande e você terá muito que olhar — ele disse. Depois pensou por alguns instantes e perguntou: — Você vai trabalhar dia e noite?

— Não! Trabalharei somente de dia. Porém à noite, se ouvir alguma coisa, vou ver do que se trata.

Maria colocou comida para os quatro homens e preparou as marmitas para seus filhos e os irmãos de Ozório. Benedito gostava de conversar sobre viola e as músicas que havia aprendido a tocar sozinho.

— Eu só toco berrante, pois é assim se controlam os bois — Jonas falou.

Benedito riu, achando graça do comentário dele, e, assim que terminaram de jantar, os três homens se despediram e foram embora levando as marmitas. Quando se afastaram, Jonas falou:

— Gostei desse sujeito; parece ser um homem honesto.

Zulmira, com seu jeito manso, comentou:

– Ele está conquistando todo mundo, inclusive dona Bernadete.

O peão esperou as duas mulheres servirem o jantar e retirarem a mesa. Somente depois elas fizeram suas refeições. Maria José se despediu de Zulmira, que tinha um quarto ao lado da cozinha, e foi embora. Jonas e Maria andavam com calma, levando a janta das crianças, quando ele perguntou:

– Por que não me disse que o patrão tinha contratado outro peão?

A mulher respondeu com sinceridade:

– Porque isso não é da minha conta.

Pego de surpresa pela resposta firme, o marido indagou:

– O que há com você?

E ela, suspirando fundo, respondeu:

– Estou muito cansada, Jonas. Só isso.

Ele compreendeu que a esposa havia trabalhado muito, de modo que mudou o rumo da conversa, falando sobre o cafezal.

Os dois chegaram em casa e, para a surpresa de Dirceu, o pai não estava mais com o cenho fechado. Maria José estava de pouca conversa, mas isso era costumeiro, pois, desde que começara a trabalhar na casa-grande, todos os dias ela chegava cansada. Jonas serviu o jantar para as crianças e deitou-se na rede.

Silvério chegou à casa do coronel Bernardi e foi recebido com deferência pelo fazendeiro.

– Que surpresa o doutor por estas bandas... – o coronel falou.

– Estou querendo comprar outras terras para ampliar meu cafezal – Silvério mentiu.

– Por que o amigo não avisou que queria comprar terras? Vendi parte da outra fazenda na semana passada.

– Que pena... Faz dois meses que estou procurando terras, mas não encontro nada.

O coronel foi enfático ao falar:

– Fique tranquilo, assim que souber de terras férteis, com água, eu lhe informo.

Silvério sorriu agradecido. O coronel, que gostava de política, perguntou:

– O amigo viu? Apareceu um borra-botas nas redondezas e quer me fazer frente, disputando a prefeitura da cidade.

– O amigo sabe que ninguém lhe faz frente em eleições – Silvério respondeu. – O senhor tem sido o melhor prefeito de todos os tempos.

Embevecido, o coronel disse:

– Procuro fazer o melhor por esta cidade. Organizo quermesses para a igreja, providenciei a reforma da mesma, arrumei a ponte do barreiro, procuro dar trabalho para todos os que aparecem nas redondezas, e agora me vem esse doutorzinho e quer se meter comigo. Se ele soubesse como é humilhante ir à capital pedir investimentos, desistiria dessa loucura.

Silvério sorriu e comentou:

– Não se preocupe com isso, coronel. Seus eleitores são fiéis, e eu também o sou.

– Eu sei disso, amigo – o coronel afirmou, mandando que lhes providenciassem uma limonada, pois o calor naquele dia estava insuportável.

Silvério falou sobre vários assuntos, até entrar na questão que o levara à casa de Bernardi:

– Coronel, estou aproveitando o ensejo para lhe pedir um favor.

O outro se remexeu na cadeira.

– Diga, amigo. Se eu puder ajudar...

Silvério falou constrangido:

– Bem... Contratei um novo peão para ser meu segurança na fazenda, pois estou desconfiado de que estão roubando sacas de café e gado. Porém, meu administrador não gostou da minha iniciativa e eu vim pedir ao amigo que confirme a história de que estão roubando gado e sacas de café de sua fazenda também.

O coronel, intrigado, indagou:

– Não sabia que o amigo estava passando por esse dissabor.

– Pois é... Pretendo manter o peão em minha propriedade até descobrir quem está fazendo isso.

O outro pensou por alguns instantes e falou:

– Farei essa história correr feito rastilho de pólvora. O amigo sabe que, quando quero que uma conversa corra, faço isso com facilidade.

Silvério deu um sorriso e disse:

– Agradeço muito. Apenas peço ao amigo que seja discreto, pois ninguém deve saber sobre o motivo que me trouxe aqui.

O coronel, sorvendo um gole da limonada, respondeu:

– Pode ficar tranquilo. Ninguém saberá que veio a minha fazenda. Mas o que o amigo fará quando descobrir quem o está roubando?

– Pretendo entregá-lo à justiça.

O coronel, indiscretamente, voltou a perguntar:

– O amigo desconfia de alguém?

– Não – mentiu Silvério –, mas vou descobrir. Já tenho uns planos borbulhando em minha cabeça.

– Quer saber, amigo? Vou colocar um segurança em minha fazenda também – disse o prefeito. – Melhor prevenir que remediar, não é verdade?

– Faça isso, pois acho que muitos fazendeiros estão passando por essa situação, porém sentem vergonha em falar.

O coronel anuiu com a cabeça e logo Silvério se despediu agradecendo pela ajuda do amigo. Assim que saiu, Bernardi pegou seu chapéu e foi à pequena cidade, que mais parecia um vilarejo. Ele sabia que bastava comentar sobre o assunto no lugar certo, que todos os fazendeiros ficariam sabendo. Então, chegou à venda e, ao ver Malaquias, perguntou:

– Por que a venda está vazia?

Malaquias respondeu:

– Coronel, os homens só vêm à venda depois das seis horas da tarde. Nesse horário, estão todos trabalhando.

O coronel tirou o relógio do bolso e viu que passava das onze horas da manhã. Pediu uma dose de cachaça e logo entrou no assunto. Malaquias era um homem tido como fofoqueiro e, com isso, o coronel enfeitou a história.

Assim que a tarde caiu, o dono da venda começou a falar sobre os supostos assaltos que estavam acontecendo nas fazendas. Os homens ficaram em polvorosa; afinal, nunca havia acontecido tal fato nas redondezas. Em apenas um dia, todos os peões da região ficaram sabendo do ocorrido.

Joaquim, conversando com o administrador de outra fazenda, tomou conhecimento do fato e tranquilizou-se, pois acreditou que o patrão havia falado a verdade. Ao chegar à fazenda de Silvério, foi à venda conversar com o turco e, em poucas palavras, contou o que ficara sabendo. Entre gargalhadas, comentou:

– Esses fazendeiros estão jogando dinheiro fora, pois seguranças nada poderão fazer. Quem está roubando as fazendas são os próprios administradores.

Salim, com resquícios de raiva, disse:

– Isso você conhece bem.

Joaquim perguntou com rispidez:

– O que o amigo quer dizer com isso?

– Nada! Apenas fiz uma constatação.

O administrador cuspiu no chão e saiu sem se despedir. Salim pensou: "Preciso tomar cuidado. Esse homem é perigoso. Quem mata um pode matar dez".

CAPÍTULO 11

Humilhação e racismo

Benedito estava feliz em conviver com os sobrinhos. Todas as noites, ele levava janta para as crianças, limpava a casa e mandava os meninos tomarem banho. Ozório, Ageu e os irmãos estavam contentes, pois eram tratados como filhos. Artur e Anatólio rapidamente se apegaram a Benedito, de modo que não demoraram a chamá-lo de tio.

Em seu primeiro pagamento, Benedito foi à cidade e comprou várias fazendas de panos para fazer roupas para todos eles, além de adquirir tudo o que as crianças gostavam. Não raro, levava-lhes também doces e outras guloseimas.

Todos gostavam daquele homem. O mais receoso era Ozório, que ainda desconfiava da bondade de um estranho. Benedito percebia a distância do rapaz e, embora sentisse vontade de contar a verdade a ele, lembrava-se da promessa que fizera a Silvério.

Todas as noites, Benedito pegava sua viola e cantava as músicas que conhecia. Depois das nove horas da noite, chamava todos para dormirem. Raramente Ozório participava das cantorias, embora Benedito fizesse de tudo para que ele estivesse presente. O rapaz sempre recusava, alegando estar cansado. Benedito gostava imensamente de todos, mas tinha predileção por Ozório, talvez por ser muito parecido com seu irmão Zaqueu.

Joaquim, temendo que Ageu falasse alguma coisa a Benedito, tratou de arrumar a casa abandonada dos colonos. E, assim que ficou pronta, foi ter com Silvério para avisar que Benedito poderia se mudar. Silvério não gostou da pressa do administrador, mas disse:

— Muito bem! Hoje mesmo informarei a Benedito que ele pode se mudar.

Assim que Joaquim saiu, o fazendeiro deu ordens para que chamassem Benedito e pensou: "Não posso deixar as crianças sozinhas. Joaquim está pensando em alguma maldade para com elas". Não demorou para que Benedito entrasse em seu escritório.

— O senhor mandou me chamar, patrão?

— Sim! Joaquim ajeitou a casa para você morar.

Nesse instante, Benedito sentiu calafrios percorrerem sua espinha, de modo que disse:

— Desculpe, doutor, mas não posso deixar meus sobrinhos sozinhos. Acho que esse desgraçado está aprontando alguma coisa.

Silvério ajuntou:

— Também acho... O melhor que temos a fazer é conversar com as crianças. — O fazendeiro pensou por alguns instantes e ordenou: — Traga todas as crianças ao meu gabinete.

Benedito saiu apressadamente e, pouco mais de meia hora depois, chegou à casa-grande com os quatro sobrinhos. Todos temiam Silvério, exceto Ageu. O patrão foi logo dizendo:

– Joaquim aprontou a velha casa abandonada para o Benedito morar.

Ozório, embora mantivesse distância de seu hóspede, não queria que ele fosse embora. Mas foi Ageu quem perguntou:

– E o que o senhor vai fazer, doutor?

Silvério respondeu:

– Quem vai decidir se ele vai embora ou não serão vocês.

Artur e Anatólio, com lágrimas nos olhos, imploraram:

– Por favor, doutor, não tire o tio Benedito lá de casa.

Silvério sentiu pena dos dois meninos e, com isso, perguntou aos mais velhos:

– E vocês, o que dizem?

Ageu logo respondeu:

– Não quero que Benedito saia de nossa casa, pois ele tem sido um pai para nós.

Ozório, baixando o olhar, falou:

– Eu também não quero que Benedito se mude de nossa casa. Ele tem sido muito bom para todos.

Benedito, ao ouvir os meninos, deixou que lágrimas escorressem pelo seu rosto. Silvério, sorrindo, respondeu:

– Não se preocupem, crianças. A velha casa seguirá abandonada, e Benedito continuará morando com vocês.

Artur e Anatólio abraçaram Benedito, e Ageu fez o mesmo, porém Ozório apenas sorriu, sem entrar no abraço comunitário.

– Então estamos resolvidos! Tudo continuará como está.

Os cinco saíram do gabinete de Silvério, que pensou: "Pobres crianças... São carentes de pai e mãe. Mesmo que eles não quisessem, eu jamais teria coragem de tirar Benedito do convívio com eles".

Todos saíram felizes e, vendo-se fora da casa, Benedito olhou para Ozório e comentou:

– Muito obrigado, meu filho, por confiar em mim!

Ozório esqueceu seu receio e sorriu largamente.

— Pode não parecer — ele falou —, mas para mim o senhor é o pai que Deus me deu, já que ele levou o outro.

Benedito, chorando, forçou um abraço.

— E vocês são os filhos que a vida me negou.

Assim que os ânimos se acalmaram, Ageu perguntou:

— O senhor não tem filhos?

— Não! Sempre fui um desmiolado; só pensava em me divertir. Casei e enviuvei muito cedo, sem ter me tornado pai. Aí o tempo foi passando e eu não quis mais saber de casamento.

— E como o senhor se divertia? — ele indagou.

Benedito, olhando para um ponto indefinido, respondeu:

— Sempre fui um boêmio; procurava mulheres, mas só para me divertir com elas. Gastava todo o meu dinheiro em bebidas e noitadas, porém não percebi a passagem do tempo.

Ozório perguntou:

— Quantos anos o senhor tem?

Benedito, sorrindo, respondeu:

— Tenho cinquenta e um.

— Se nosso pai estivesse vivo, teria cinquenta — o rapaz falou com tristeza.

Benedito, olhando para os meninos, disse:

— Uma coisa eu juro para vocês: serei o pai que vocês não têm. Tudo de que precisarem e que quiserem, basta pedir. Mas só peço uma coisa...

— O quê? — perguntou Anatólio.

— Faço questão que me chamem de tio.

Ozório achou estranho aquele pedido e, com isso, comentou:

— Mas o senhor não é nosso tio.

— Agora sou. E não tenham vergonha de me pedir nada.

As crianças abraçaram as pernas de Benedito, e Ageu levou a mão ao ombro do bom homem. Ozório, com displicência, disse em tom jocoso:

— Então vamos trabalhar, titio?

Todos começaram a rir. Enquanto Ageu e Ozório voltavam ao trabalho, Benedito acompanhou as duas crianças até a casa.

Benedito deixou as crianças em casa e voltou a andar pela fazenda. Nesse momento, encontrou-se com Joaquim, que estava montado em seu cavalo.

— É bom que se despeça das crianças, pois quero que vá morar na velha casa abandonada ainda hoje – o administrador falou.

Benedito, fingindo humildade, respondeu:

— Se essa é sua vontade, assim o farei.

Joaquim abriu um largo sorriso ao ver a falsa submissão de Benedito.

— Você é pago para não fazer nada, mas logo o jogarei na colheita e na arrumação das cercas.

Benedito, mesmo com raiva, fingiu passividade mais uma vez:

— O senhor é quem manda. Se quiser, poderei fazer isso ainda hoje.

O administrador, olhando-o com firmeza, falou:

— Você não é nem de longe o cão bravo que mostra ser... Se todos os colonos fossem assim, eu não teria problemas.

Benedito, de cabeça baixa e chapéu no peito, nada disse em resposta.

Joaquim continuou encarando-o enquanto dizia:

— Vá à venda depois das seis horas tomar uma cachaça. Quero conhecê-lo melhor.

O homem, que havia se afastado da bebida há alguns anos, disse:

— Desculpe, mas eu não bebo cachaça, senhor. Pode ser um refresco?

Joaquim desatou a rir.

— O cão bravo não bebe cachaça? Você mais parece um filhote de cão que um cão bravo.

Benedito sentiu vontade de pegar a garrucha e acertar Joaquim, porém havia jurado a si mesmo que faria amizade com aquele homem. Então, com olhar manso, respondeu:

— Pode esperar, senhor. Irei à venda depois das seis.

Joaquim virou o cavalo e saiu em disparada. Benedito pensou: "Preciso avisar os meninos para não saírem de casa, pois vou me encontrar com ele". Preocupado com a segurança das crianças, resolveu falar com o patrão.

Silvério estava em seu gabinete quando Maria José informou que Benedito queria lhe falar, e o segurança foi autorizado a entrar. Benedito então contou tudo o que havia conversado com Joaquim.

— Ótimo! — Silvério exclamou. — Essa será sua oportunidade de travar amizade com ele e descobrir muitas coisas.

Benedito informou:

— Doutor, irei ter com Joaquim, mas só depois que conversar com as crianças.

— Boa ideia! Ageu ficará preocupado, pois ele odeia aquele homem.

E assim se deu; depois do horário de trabalho, Benedito chegou em casa e contou às crianças sobre seu encontro com Joaquim. Ageu pediu:

— Por favor, não vá... Esse homem é perigoso. Tanto, que eu o ouvi falar para o Salim que iria me matar, assim como matou meu pai.

Benedito acalmou todos quando disse:

— Não se preocupem. Sei me cuidar e, além do mais, tenho a garrucha que o doutor me arranjou.

Ageu, com lágrimas nos olhos, falou:

— E se ele o matar, o que será de nós?

— Não se preocupem. O plano é me fazer de amigo para descobrir todas as mazelas que ele fez nos últimos anos.

Ozório resmungou:

— Será que ele vai acreditar nisso? Aquilo é mais esperto que cobra.

Benedito respondeu sorrindo:

— Esse homem não é cobra, é apenas uma minhoca, e vou pisar em sua cabeça.

Ozório se aproximou pedindo:

– Tome cuidado!

Benedito abraçou o rapaz.

– Você sempre terá seu tio por perto. Isso eu juro. Quero que tranquem a porta e não saiam no terreiro, pois esse homem pode estar querendo aprontar alguma coisa. Já avisei o Jonas para ficar aqui com vocês, pois jamais os deixarei sozinhos com esse diabo andando por aí.

Os meninos ficaram apreensivos e pediram que ele não demorasse. Benedito estava feliz, afinal, havia conquistado o amor dos sobrinhos. Naquele momento, Jonas chegou à casa das crianças e, ao ver Benedito, disse:

– Por favor, não demore. Estou muito cansado.

– Não se preocupe, amigo. Só vou ver o que aquele homem quer.

– Ele o quer por perto para humilhá-lo; afinal, isso é o que ele mais gosta de fazer.

Benedito sorriu.

– Fique com a garrucha, Jonas. Se alguém tentar entrar, pode passar fogo.

– Está louco, homem? Vai sair de mãos vazias?

– Quero que vocês fiquem em segurança. Não tenha medo de atirar. Se acontecer qualquer coisa, eu me responsabilizo.

Jonas pegou a arma e a colocou na cintura.

Benedito foi andando em direção à venda de Salim. Ao vê-lo, Joaquim comentou:

– Olha quem chegou! O cão bravo do doutor Silvério.

Benedito baixou a cabeça sem nada responder. Joaquim gargalhou, porém os homens que estavam na venda tomando suas cachaças não acharam graça alguma. Salim perguntou:

– Vai querer uma cachaça, homem?

Joaquim, ainda gargalhando, disse:

— O cão bravo não bebe cachaça, apenas refresco.

Salim lançou um olhar de reprovação para o administrador, porém nada disse. Benedito perguntou:

— O senhor tem limonada?

Salim foi logo dizendo:

— Limonada custa dois réis.

— Eu pago! — respondeu Benedito.

O turco pegou dois limões e fez um copo grande de limonada. Joaquim, olhando desconfiado para Benedito, perguntou:

— De onde vem, cachorro bravo?

Benedito, não querendo falar sobre sua vida, respondeu:

— Venho de andar e percorrer a terra. Não sou de lugar nenhum.

Inconformado, Joaquim inquiriu:

— Você não tem família?

— Não — mentiu Benedito. — Fui criado nas ruas da capital, vivendo de esmolas. Por fim, vim parar nas redondezas à procura de uma vida melhor.

— Então você é um andarilho? — Joaquim voltou a perguntar.

— Chame como quiser, senhor...

O administrador, sem perder a oportunidade de ofender, disse:

— Andarilho não merece respeito, pois não é homem.

Benedito, percebendo que poderia perder a paciência com facilidade, disse:

— Com licença, senhor. Vou para casa.

Salim se irritou.

— Você não deixou o homem nem tomar a limonada? Por que fez isso?

Joaquim era um homem claro, queimado de sol, de modo que falou:

— Não gosto de negros! Eles fedem.

Salim, olhando indignado para ele, comentou:

— Os negros são pessoas como nós, que sentem dor e choram.

O administrador deu de ombros, ignorando os olhares lançados para ele, que não era nem um pouco querido, sendo assim deixado de lado por todos. Olhou para o comerciante e falou:

— Anota esta cachaça na caderneta de fiados. Outro dia eu pago.

Salim pegou a caderneta e marcou as cachaças que Joaquim havia bebido, enquanto este montou em seu cavalo e saiu a galope.

Benedito foi embora cheio de ódio daquele homem, porém precisava manter a calma. Nesse instante, olhando para o céu que começava a se encher de estrelas, disse:

— Deus meu! Dê-me paciência, pois caso contrário eu mato esse desgraçado.

Benedito sentia-se humilhado e, por um momento, pensou em voltar à venda para acertar as contas com o administrador. Sem que ele visse, porém, formou-se à sua frente a figura de Zaqueu, que lhe falou:

— Meu irmão, quem ferir pela espada, pela espada será ferido. Confie em Deus e tenha paciência, pois nada nesta terra fica oculto. Tenha fé e cuide de meus filhos.

Nesse momento, Benedito sentiu paz, esqueceu as ofensas de Joaquim e logo chegou ao casebre. Ao vê-lo, Jonas perguntou:

— Já voltou?

Benedito contou tudo o que Joaquim havia lhe feito, e Jonas respondeu:

— Esse desgraçado faz isso com todo mundo. Até parece que ele é o dono da fazenda.

Benedito, ainda sentindo a paz proveniente da presença do irmão, obtemperou:

– Calma! Precisamos ter paciência. Com o tempo, ele verá que o filhote de cão bravo também morde.

Jonas perguntou:

– Você não bebe?

– Não! Bebi a vida inteira e hoje não tenho mais saúde para isso. Fui parar no hospital duas vezes, e, na última, o médico disse que, se eu continuasse bebendo, iria morrer.

Jonas, olhando para aquele homenzarrão, perguntou:

– Você está doente?

Benedito respondeu sorrindo:

– Não! Mas ficaria se continuasse bebendo.

O peão soltou um suspiro.

– Graças a Deus! Agora que encontrei um amigo, não quero que ele morra.

Benedito achou graça e riu, comentando:

– Não vou morrer antes de ver meus filhos casados.

– Que filhos? – o outro perguntou surpreso.

Benedito, olhando para os sobrinhos que dormiam sossegados, respondeu:

– Eis os meus filhos! Eu os amo tanto...

Jonas sorriu satisfeito.

– O amigo é um homem de valor.

Os dois ficaram conversando por algum tempo, até que o peão decidiu ir embora. Enquanto voltava para casa, Jonas disse a si mesmo: "Não sei por que, mas gosto do Benedito, assim como gostava de Zaqueu. Inclusive os acho até parecidos...".

CAPÍTULO 12

Pergunta sem resposta

Ageu acordou de madrugada e chamou Benedito:

– Tio, preciso ir ao paiol, pois tenho ordem de contar as sacarias de grãos e entregar pela manhã para o doutor Silvério.

Bocejando, Benedito perguntou:

– A essa hora? Já passa de meia-noite.

Ageu falou sobre as orientações que recebera do patrão, e Benedito exclamou:

– Esse homem é esperto mesmo, hein!

O que eles não sabiam era que Joaquim havia planejado roubar sacas de café naquela noite, mas, como havia bebido muito na venda de Salim, resolveu deixar para o dia seguinte.

Tio e sobrinho saíram no meio da noite em direção ao paiol. Enquanto Benedito contava, Ageu anotava. A contagem resultou em 160 sacas de grãos. Depois, os dois voltaram para casa. E assim a noite passou tranquilamente.

No dia seguinte, Ageu foi até o gabinete de Silvério para entregar o total das sacas estocadas no paiol. Depois de examinar os números, o fazendeiro exclamou:

— Aquele infeliz me entregou um total de cento e quarenta sacas. Então ele está planejando roubar vinte sacas.

— Mas vinte sacas é muita coisa — Ageu falou.

— Não é, meu jovem, pois roubando de pouco ninguém percebe. Muito obrigado! Faça isso esta noite também, mas lembre-se: não vá sozinho, e, se porventura vir algum movimento estranho, venha me acordar.

Ageu, satisfeito, perguntou:

— O que faço agora, senhor?

Silvério pensou por alguns instantes e ordenou:

— Você ajudará na cozinha para não levantar suspeita. Faça tudo o que Maria e Zulmira lhe mandarem.

O rapazinho saiu satisfeito, pois gostou da ideia de não ficar exposto ao sol o dia inteiro. Silvério levantou-se de imediato e foi ele mesmo conferir a contagem das sacarias. Joaquim, ao entrar no paiol, indagou:

— O que faz aqui, patrão?

— Estou a conferir as sacas de grãos, pois me pareceu muito pouco o que está aqui.

O administrador, fingindo-se preocupado, falou:

— Posso fazer isso, afinal é minha obrigação.

Com raiva, Silvério respondeu:

— De maneira alguma! Quero fazer isso eu mesmo.

Depois de quase uma hora e meia, ele terminou a contagem e, com seu livro de registro nas mãos, disse:

— Como pôde errar dessa maneira? Contei cento e sessenta sacas e na sua contagem são apenas cento e quarenta.

Joaquim respondeu com arrogância:

— Desculpe pelo erro. E quem não os comete, não é mesmo, patrão?

O fazendeiro estava visivelmente bravo, de modo que decidiu vender as sacas naquele mesmo dia. Joaquim, ao ficar sabendo da decisão dele, ficou irritado, porém fingiu não se importar.

– Prepare as carroças, pois vamos levar as sacarias para vender – o fazendeiro disse.

Joaquim objetou:

– Doutor, o preço está muito baixo. O senhor vai perder dinheiro.

– Tem razão! Vou pensar em alguma coisa – Silvério respondeu, e saiu do paiol pensando: "Quantas vezes esse calhorda me roubou?". Sentou-se em um banco sob a copa de uma frondosa árvore e continuou a refletir: "Tenho que arranjar uma maneira de frear essa roubalheira, mas como, meu Deus?".

Ele não viu, mas nesse momento Zaqueu se formou à sua frente e falou:

– Converse com o coronel Bernardi. Ele tem um paiol desativado, onde poderá guardar os grãos. Diga a Joaquim que vendeu o café ao coronel.

Silvério não ouviu o conselho de Zaqueu, mas registrou aquelas palavras como se fossem ideia própria. Então avisou Bernadete que iria até a fazenda do coronel Bernardi, o que não causou nenhum espanto à mulher. Logo que chegou à casa do coronel, falou sobre tudo o que havia descoberto e, constrangido, perguntou:

– O amigo poderia me alugar seu velho paiol desativado?

Bernardi respondeu:

– Não se aluga nada a um amigo. Pode guardar aqui e vamos dizer a todos que eu comprei os seus grãos.

Silvério agradeceu e, saindo com rapidez, voltou à fazenda para ordenar aos colonos que levassem as sacarias à fazenda de Bernardi. Ao chegar, viu as carroças em frente ao paiol, porém sabia que o número de carroças era pouco diante da quantidade de sacarias. Procurou por Joaquim e logo desconfiou de que ele estivesse na venda. Dirigiu-se para lá, aproximou-se da janela que ficava na parede lateral do estabelecimento e ouviu parte da conversa entre o administrador e Salim. Joaquim dizia:

— Esse doutorzinho é burro! Vai vender as sacas de grãos nesta época. Como sabemos, durante a safra, o preço cai muito.

Silvério sentiu o sangue ferver, porém, como era um homem ponderado por natureza, continuou a ouvir a conversa. Salim respondeu:

— Você está se arriscando muito, homem! Burro era o senhor Gumercindo, que foi roubado a vida inteira e morreu sem se dar conta disso. Se Salim fosse dono desta fazenda, já teria descoberto há muito tempo.

Joaquim gritou:

— Feche essa matraca! Não vê que estou nervoso?

Salim, sorrindo, retrucou:

— Bem feito! Uma hora o ladrão perde o cavalo, e parece que você vai perder o seu.

Irritado, Joaquim pegou seu chapéu sobre o balcão no momento em que Silvério entrou e lhe disse:

— Por favor, mande carregar todas as carroças e levar todos os grãos à fazenda do coronel Bernardi. Acabei de vender tudo para ele.

Joaquim ficou transtornado com a notícia, porém se controlou, fingindo submissão.

— Vendeu por qual preço, doutor? – ele perguntou.

Silvério, indignado, respondeu:

— Não posso reclamar. Consegui um bom preço.

— Por que o coronel comprou seus grãos, se a fazenda dele é maior que a do senhor?

O patrão, com sarcasmo, rebateu:

— Ele é um excelente negociante. É por isso que se tornou o coronel destas bandas.

Joaquim pensou: "Perdi um bom negócio por causa da cachaça, mas isso não acontecerá novamente".

Silvério estava gostando de ver a frustração estampada no rosto do administrador.

— Você está pálido, Joaquim. Acaso não está se sentindo bem? – ele perguntou com sarcasmo.

Joaquim, disfarçando, respondeu:

– Acho que estou de ressaca.

Silvério, ao perceber a mentira deslavada, respondeu:

– Cuidado, homem. Não é só Deus que leva, mas a cachaça também...

– Leva pra onde, doutor?

– Para o cemitério! – Silvério respondeu e desatou a rir, deixando Joaquim ainda mais furioso.

O administrador se afastou e mandou que preparassem as carroças, porém Silvério mudou de ideia e ordenou:

– Não quero que vá de carroça. Por que investi tanto dinheiro naquele Ford semirreboque? Além do mais, não judiará dos animais.

Joaquim ponderou:

– Mas, doutor, o único que dirige o caminhão sou eu, e no momento não posso sair da fazenda.

Silvério pensou por alguns instantes e falou:

– Tem razão. Estacione o caminhão em frente ao paiol e mande carregar. Eu mesmo levarei a carga à fazenda do coronel Bernardi.

Joaquim tinha ciúme do caminhão, afinal, ele era o único que dirigia aquele veículo de pouco mais de um ano de uso. Mas, como não podia discutir com Silvério, foi até o paiol desativado, onde ficavam os automóveis. Silvério ficou observando os peões carregarem o caminhão e disse sorrindo a Joaquim:

– Este veículo foi a melhor compra que fiz, pois levarei mais carga em menos tempo.

O administrador, em tom jocoso, falou:

– Doutor, dirigir o caminhão não é fácil. O senhor tem que controlar a carroceria, sem contar com a folga no volante...

– Não se preocupe. Estou acostumado – respondeu Silvério, irônico. Depois ele chamou um peão de nome Aluísio, para ajudar a descarregar o caminhão na fazenda do coronel. Foram muitas viagens, e já passava das quatro horas da tarde quando enfim esvaziaram o paiol. Joaquim olhava o caminhão ir e vir e, com isso, pensava: "O doutor me enganou desta vez, mas juro por Deus que isso não acontecerá novamente".

Silvério entrou em casa e, ao ver a esposa, disse:

— Bernadete, peça para Zulmira me arrumar o almoço. Estou com muita fome.

A mulher, intrigada, perguntou:

— Por que não veio almoçar?

Silvério, com discrição, respondeu somente:

— Depois conversaremos sobre isso.

Ela mudou o rumo da conversa, dizendo:

— Pedirei para Maria José preparar a mesa.

— Não precisa arrumar a mesa, almoçarei na cozinha.

Ela estranhou a atitude do marido, pois ele nunca havia comido na cozinha antes. Zulmira foi então arrumar o almoço enquanto Silvério esperava no escritório. Ele se sentia vitorioso, mas sabia que tinha de manter a vigilância, pois Joaquim pensaria em outra forma de ludibriá-lo. Não demorou e Bernadete entrou no gabinete.

— Vá almoçar e depois venha ao nosso quarto para conversarmos — pediu ela.

Silvério levantou-se e foi à cozinha. Comeu e, obedecendo à esposa, foi até o quarto, encontrando-a perto da janela com seus bordados.

— O que está acontecendo? — ela perguntou assim que ele entrou. — Você nunca se atrasa para o almoço nem para o jantar, mas nos últimos dias isso vem acontecendo com frequência.

Silvério ordenou:

— Venha até meu escritório. Preciso lhe mostrar algumas coisas.

Bernadete levantou-se, colocou seus bordados sobre a cadeira de balanço que ficava próximo à janela e o acompanhou. Assim que entraram no escritório, ele trancou a porta, causando estranheza à mulher, que indagou:

— Por que trancar a porta?

— Preciso colocá-la a par de tudo o que está acontecendo e não quero que haja interrupções.

Então começou mostrando o registro do gado, dizendo a ela que os números haviam diminuído sensivelmente nos últimos cinco anos.

— Sempre sou informado do nascimento de novos garrotes, e, mesmo assim, o número continuou a cair. Veja.

Bernadete, ao ver as anotações, comentou:

— Mas como pode ser? Faz tempo que não vendemos gado para corte.

O esposo, percebendo que ela estava compreendendo sua explanação, continuou:

— Joaquim não está vendendo somente sacas de grãos, mas também nossos bois.

Bernadete ficou com muita raiva. Depois Silvério relatou sobre a contagem errada que ele fazia com frequência, entregando números bem abaixo do que realmente havia no paiol. Contou ainda sobre o combinado com o coronel Bernardi e o empréstimo do paiol dele, dizendo que havia vendido os grãos, mas que só os venderia de fato ao final da safra. Bernadete, indignada, disse:

— Quero que dispense o Joaquim agora mesmo!

— Não posso fazer isso, pois ninguém me tira da cabeça que ele é o responsável pela morte de Zaqueu. Sem contar que os meninos correm perigo...

— Não quero esse homem dentro da minha casa – ela falou com firmeza.

Silvério pensou por alguns instantes e disse:

— Não podemos fazer isso. Para colocar o Joaquim atrás das grades, preciso de provas. Para isso, teremos que agir normalmente.

– Desculpe, senhor meu marido, mas não consigo nem olhar para esse sujeito sem sentir repulsa – Bernadete falou.

– No momento não temos o que fazer. Benedito está de olho em Joaquim e, ademais, Ageu continuará a contar as sacas nas madrugadas, entregando-me as anotações logo pela manhã.

– Mas isso é perigoso! O menino corre risco de morte...

– Benedito o está protegendo – Silvério explicou e, pensando por alguns instantes, prosseguiu: – E tem mais: Joaquim não rouba somente a nós, mas também aos colonos, pois pago dois mil réis por família e ele repassa apenas mil.

– Quantas famílias tem trabalhando na fazenda? – a mulher perguntou indignada.

O fazendeiro pegou outro caderno de registro, olhou-o e contabilizou 45 famílias no total.

– Desgraçado! Ele ganha quarenta e cinco mil réis, além do que nos rouba, e ainda tem um salário de cinco mil réis? É muito dinheiro! Agora entendo por que Helena, sua esposa, vive na capital e anda com vestidos tão bonitos quanto os meus.

– Ele está enriquecendo à nossa custa – Silvério falou.

Bernadete, em um rompante de fúria, exclamou:

– Vou mandar matá-lo!

– Não diga bobagem! Para isso, temos a justiça.

– Com esse homem, justiça é na bala! – ela vociferou.

– Calma, mulher! Nunca ouviu falar que vingança é um prato que se come frio? Pois bem; deixe o rato cair na ratoeira que estou armando para ele.

– E qual será o próximo passo?

– Bem... Todas as tardes, estarei em frente ao paiol, contarei pessoalmente as sacarias e mandarei colocar no caminhão, levando-as eu mesmo para a fazenda do coronel Bernardi. Agora que você alertou, entendo que, apesar da proteção de Benedito, é melhor não colocar a vida de Ageu em perigo.

– Muito bem, faça isso; mas, ao final, quero de volta tudo o que Joaquim nos roubou, principalmente as terras que ele possui e seus gados também.

– Vamos confiar em Deus, que tudo dará certo – disse o marido.

Bernadete estava terrivelmente irritada. Silvério levantou-se e beijou-a ternamente na fronte, alertando:

– Seja o mais natural possível! Não deixe que ninguém perceba que estamos com problemas.

A mulher, mudando drasticamente de assunto, perguntou:

– E o seu trabalho na promotoria, na capital?

– Não se preocupe. Já passei as causas importantes a outros advogados e pedi afastamento por tempo indeterminado.

Bernadete suspirou e disse:

– O que eu faria da minha vida sem você?

– Não faria nada! Pois eu não existo sem você e com certeza você não existiria sem mim – ele disse em tom de galhofa.

– Nunca havia percebido o quanto meu marido é convencido – ela retrucou rindo.

Ele também riu, e os dois saíram do escritório. Silvério, olhando para o relógio de bolso, pegou seu caderno de anotações e, vendo que os homens já costuravam as sacas, foi fazer a contagem.

Joaquim estava feliz, pois naquele dia havia muitos grãos para serem ensacados e, com isso, pensava: "Mandarei Pedro costurar as primeiras vinte sacas e colocar em duas carroças, que esconderei no mato. À noite, virei buscá-las. Depois de tudo pronto, chamarei o patrão para conferir as sacas, e ele não notará nada".

Mas o que o administrador não sabia era que Silvério já estava chegando para acompanhar os trabalhos. Veio todo animado, para desespero de Joaquim, e ficou observando os homens costurarem as sacas com os grãos secos. Eram cinco homens trabalhando, e o patrão ordenou:

— Empilhem as sacas em frente ao paiol. Vou contá-las e depois as levarei ao paiol do coronel Bernardi, afinal esses grãos já estão todos vendidos.

Joaquim, arregalando os olhos, perguntou:

— Como assim, todos vendidos?

Silvério, com naturalidade, respondeu:

— Vendi toda a colheita para o coronel e dei minha palavra de que levaria as sacas, todas as tardes, para sua fazenda.

Joaquim, irritado, perguntou:

— O que está acontecendo, doutor? Acaso desconfia de mim?

— Não, caro Joaquim. Entreguei-me ao trabalho na capital e me esqueci da fazenda por muito tempo. Agora decidi que eu mesmo cuidarei dos assuntos principais da propriedade.

Irritado, Joaquim falou:

— Se não precisa mais de mim, vou-me embora agora mesmo!

Silvério, esboçando um sorriso, contemporizou:

— Se não precisasse de você, já o teria dispensado, mas você é meu braço direito.

— Então por que não deixa que eu cuide desses assuntos?

— Porque é o olho do dono que engorda o gado, como já lhe disse.

— Bem... Já que o patrão ficará aqui, irei ver os homens no cafezal.

Silvério sorriu sem nada responder. Joaquim montou em seu cavalo e, com ódio no coração, disse em voz alta:

— Isso não vai ficar assim. Se for o caso, mato o doutorzinho e vou cuidar sozinho dos assuntos da fazenda, uma vez que dona Bernadete não entende nada.

Ele não viu, mas duas entidades o esperavam no início do cafezal e foram logo dizendo:

— Tolo! O Jonas entregou sua cabeça de bandeja. Agora terá que se acostumar com pouco.

Joaquim não ouviu a voz, mas registrou a mensagem em seu íntimo. De repente, um ódio muito grande pelo peão foi crescendo em seu coração, e ele falou:

— Tudo começou a desmoronar quando a esposa de Jonas foi trabalhar na casa-grande. Vou descobrir o que ele tem a ver com isso e, se tiver, será jogado na mesma vala que Zaqueu.

Joaquim entrou em meio ao cafezal e encontrou Jonas juntando grãos, que ainda iriam ao terreiro para secar.

— Vagabundo! O que pensa que está fazendo? — ele gritou com o peão.

Com muito ódio, Jonas respondeu:

— Estou trabalhando, ou o senhor é cego?

Joaquim, irritado, levando em mãos seu chicote, deu uma chicotada nas pernas de Jonas, que foi ao chão. Logo ele percebeu que a perna sangrava.

— Isso não vai ficar assim — o peão rosnou, cheio de ódio.

Joaquim, sorrindo, retrucou:

— Digo o mesmo para você, patife!

Jonas, sentindo-se humilhado e com dor, desafiou:

— Se quiser, junte o senhor os grãos. Estou indo para casa.

— Se sair do cafezal antes de terminar o trabalho, pode ir arranjando outro lugar para trabalhar, pois o mandarei embora ainda hoje.

Jonas, ignorando as palavras de Joaquim, pegou algumas coisas e saiu em direção à sua casa. Enquanto seguia, ele pensava: "Contarei tudo ao doutor Silvério, e ele verá quem será dispensado".

Joaquim, percebendo que havia passado dos limites, gritou aos outros peões:

— Vamos trabalhar! Temos muitos grãos para levar ao terreiro.

Depois saiu do cafezal pensando que Jonas iria se queixar com o patrão. Porém, quando voltou, encontrou Silvério contando as sacas que estavam sendo colocadas no caminhão. Temeroso, perguntou:

— O Jonas veio até aqui, doutor?

Intrigado, Silvério respondeu:

— Não! Por que haveria de aparecer aqui? Que eu saiba, ele está no cafezal.

Joaquim se apressou em contar-lhe uma mentira.

— Doutor, encontrei aquele preguiçoso deitado sob um pé de café, chamei sua atenção e ele me faltou com respeito; perdi a paciência e lhe dei uma chicotada.

Silvério, perdendo a paciência, gritou:

— Você não tem o direito de chicotear ninguém nesta fazenda, mesmo porque o tempo da escravidão já passou! Você é meu administrador, e não meu feitor. Acaso quer me arranjar problemas com a justiça? O que está acontecendo com você, Joaquim? Anda transtornado, perdendo o bom senso com facilidade.

O administrador, irritado, retrucou:

— O senhor vai brigar comigo por causa de um vagabundo?

— Não! Mas, da próxima vez que açoitar um de meus colonos, serei obrigado a dispensá-lo, pois, se ele for à justiça, estarei em maus lençóis!

Joaquim, não suportando mais a presença de Silvério, falou:

— Vou pra casa! Hoje não está sendo um de meus melhores dias.

— Faz bem. E tome um banho frio para esfriar a cabeça.

Joaquim montou em seu cavalo e, galopando, foi em direção à porteira da fazenda. Silvério, observando-o distanciar-se, disse em voz alta:

— Preciso tomar conta do Jonas. Joaquim é um homem violento e vingativo. Tenho certeza de que isso não ficará assim.

Então mandou chamar Ageu, que continuou a fazer a contagem das sacas costuradas, e foi até a casa de Jonas. Ao chegar, encontrou o peão lavando a perna com salmoura. Vendo aquilo, o fazendeiro ficou atônito com tamanha selvageria e perguntou:

— Jonas, o que aconteceu?

O peão, sem esconder sua revolta, contou tudo exatamente como havia acontecido e concluiu:

– Se o senhor não acreditar em mim, pergunte a todos os que observaram a cena.

Silvério, preocupado, comentou:

– Jonas, você corre perigo. Esse homem é vingativo; portanto, de hoje em diante, peço que saia da colheita e vá costurar as sacarias. Não posso deixá-lo no cafezal completamente desprotegido.

O empregado agradeceu pela preocupação e disse em tom de ameaça:

– Eu ainda vou matar aquele desgraçado!

– Não diga bobagem! Colocarei Benedito para acompanhá-lo todos os dias; tanto você como dona Maria. Ele está muito bravo com as mudanças que tenho feito na fazenda sem seu conhecimento.

O peão levantou o olhar e perguntou:

– Mas o que o senhor tem feito?

Silvério, sorrindo, contou tudo o que estava acontecendo: desde a falsa contagem até o empréstimo do paiol do coronel. Enfim, não escondeu nada, pois confiava em Jonas.

– Agora entendo por que Joaquim veio sobre mim feito um touro bravo. Ele acha que sou o responsável pelo que está acontecendo.

– Você não é o responsável, mas ajudou a me abrir os olhos – o patrão ponderou.

– E ele vai querer se vingar de mim – o peão ajuntou.

– É por isso que Benedito o acompanhará todas as noites. Jonas ficou um tempo em silêncio e depois falou:

– Doutor, eu conversei com a professora Rita e, na semana que vem, passarei a frequentar as aulas de alfabetização.

– Isso é ótimo! Precisarei de alguém de confiança para fazer a contagem das sacas de café. E você é essa pessoa.

Temeroso, Jonas perguntou:

– Mas como poderei frequentar as aulas? Joaquim armará facilmente uma tocaia para mim.

Silvério, sorrindo, respondeu:

– De maneira alguma! Benedito o acompanhará.

– Mas Benedito precisa cuidar das crianças, pois fiquei sabendo que Joaquim está com muito ódio de Ageu.

Silvério mostrou-se preocupado e falou:

– Faremos o seguinte: mandarei que as crianças fiquem na casa-grande até Benedito voltar da escola com você.

– Aquele capeta está com ódio de mim e poderá fazer alguma maldade com minha esposa e filhos.

Silvério tentou pensar em alguma coisa, porém naquele momento nada lhe ocorria.

Então decidiu:

– Deixarei que Joaquim volte a me roubar. Nada farei. Enquanto isso, ele dará uma trégua a você e aos filhos de Zaqueu. Fingirei que está tudo bem e, enquanto isso, armarei uma teia tão grande, da qual ele não poderá fugir depois.

Jonas disse:

– Doutor, eu não quero mais voltar ao cafezal. Ele poderá me fazer algum mal.

– Você costurará sacas de grãos no paiol – o patrão respondeu. – Não se preocupe, que estarei lá todas as tardes.

Jonas observou:

– Mas, se ele o vir todos os dias observando a costura das sacas, saberá que o senhor está fazendo a contagem.

Silvério, pensativo, respondeu:

– Tem razão! Mandarei que Ageu costure as sacas e conte quantas desaparecerão.

Jonas, sorrindo, respondeu:

– Boa ideia! Depois do que esse infeliz me fez, ele tem que pagar, e muito caro.

Silvério ressaltou:

– Não procure confusão nem queira fazer justiça com as próprias mãos, pois a recompensa vem de Deus.

Jonas, ao ouvir falar em Deus, sentiu algo inexplicável e respondeu:

– Desculpe, meu senhor, mas não acredito em Deus!

Silvério, arregalando os olhos, perguntou:

– Como? Você não acredita em Deus?

– Não! Se Deus existiu algum dia, tenho certeza de que está morto.

Silvério, boquiaberto, disse:

– Como pode dizer tamanha heresia? Se não fosse por Deus, não estaríamos neste planeta tão belo.

– Belo para o senhor que sempre teve tudo, mas para mim, que nunca tive nada, o mundo não tem nada de belo. Se Deus existisse, não haveria pobreza, doença, morte, velhice, maldade... Enfim, tantas coisas que nos desagradam.

Embora atônito com a maneira de Jonas pensar, o fazendeiro não teve resposta satisfatória para dar a ele, limitando-se a dizer:

– Temos que aceitar as coisas como são. A meu ver, tudo está certo como está.

Jonas sorriu orgulhoso ao saber que deixara um doutor formado na capital sem resposta. Silvério, mudando de assunto, concluiu a conversa:

– Devemos tomar cuidado com Joaquim. Portanto, tome precauções ao falar comigo.

O peão concordou, e os dois se despediram. Enquanto Silvério cavalgava, pensava na conversa que tivera com Jonas e se perguntou em pensamento: "Será que Deus é invenção dos homens para aceitarem a vida sem reclamar? Numa coisa Jonas tem razão: se Ele é tão bom, por que permite tantas diferenças e sofrimentos? Isso não condiz com o que aprendemos sobre Deus". O fazendeiro sorriu e disse para si mesmo: "Nunca imaginei que um dia um matuto completamente sem instrução me deixaria sem resposta às suas perguntas".

CAPÍTULO 13

Suicídio ou assassinato?

Silvério voltou ao paiol e, vendo que o caminhão já estava carregado, perguntou a Ageu:

– Qual foi a contagem das sacas?

– Doutor, se não me engano, hoje foram empacotadas duzentas e seis sacas – o rapazinho respondeu.

– O quê? Tem certeza?

– Acho que sim, doutor.

O fazendeiro entrou no caminhão e foi até a fazenda do coronel para o descarregamento. Ageu foi junto para conferir a recontagem. Ele era um rapaz forte e logo se entusiasmou, pois era a primeira vez que andava de caminhão.

Ageu e outro empregado começaram a descarregar, enquanto Silvério contava as sacas. Ao final do descarregamento, havia exatamente 206 sacas, para alegria do fazendeiro, que contabilizava agora 366 sacas de café no paiol emprestado pelo amigo.

Silvério pensou: "Vou ter que deixar Joaquim me roubar por um tempo. Enquanto isso, prepararei uma boa armadilha para ele". Naquele momento, sem que ele pudesse ver, as figuras de Zaqueu e Orfeu se formaram à sua frente. Zaqueu disse:

– Salve sua safra, mas fique de olho no gado.

O fazendeiro, que captou a mensagem, pensou por alguns instantes e monologou:

– Quer saber? Vou salvar minha safra, porém Joaquim deve estar planejando me roubar de outra maneira. Começarei a prestar atenção ao gado.

Assim que terminou o descarregamento, o coronel chamou Silvério para uma conversa. Ele estava com pressa, pois prometera que estaria em casa na hora do jantar, mas atendeu. Ao entrar na sala, Bernardi informou:

– Estive pensando; o paiol que lhe emprestei está muito velho. Proponho fazer outro celeiro apenas para servi-lo.

Silvério, espantado, respondeu:

– Coronel, não precisa ter gastos tão dispendiosos com o celeiro. Isso será por pouco tempo, até eu resolver o problema com o meu administrador.

O coronel, com seu jeito bonachão, disse sem rodeios:

– Estou aqui para ajudar o amigo. Pense um pouco mais, pois, até adquirir as provas de que precisa, pode demorar. Até quando continuará a perder dinheiro?

Silvério concordou com ele, porém não queria se aproveitar da situação, de modo que fez a seguinte proposta:

– O amigo sabe que não sou homem de aproveitar de ninguém. Concordo plenamente com o que disse, porém não acho de bom-tom que o amigo gaste dinheiro desnecessário por minha causa.

– Deixe de bobagem, homem! Ademais, celeiro nunca é perdido, pois a cada ano as minhas colheitas têm aumentado.

– Está bem! Aceito a oferta do amigo, mas quero contribuir financeiramente com a construção do novo celeiro.

– De maneira alguma! O celeiro ficará em minhas terras. Por que o amigo teria que arcar com parte das despesas? Farei um celeiro maior e, quando ficar pronto, o amigo poderá usar o que estou usando agora. Meus grãos ficarão no novo.

Silvério viu certa razoabilidade na proposta do coronel, de modo que disse:

– Se é assim, eu aceito!

O coronel Bernardi apertou a mão dele, que disse:

– Preciso voltar agora. Minha esposa tem reclamado minha ausência na hora das refeições. Amanhã voltarei para trazer mais grãos e assim poderemos conversar.

Os dois se despediram, e Silvério disse assim que se aproximou do caminhão:

– Vamos embora! Preciso chegar em casa antes do jantar.

Ageu respondeu:

– Tio Benedito deve estar preocupado também.

O caminhão não era dos mais potentes, porém Silvério pisou fundo no acelerador e, em pouco mais de vinte minutos, os dois chegaram à fazenda. Silvério entrou em casa, e a mesa estava sendo posta. Bernadete foi logo dizendo:

– O jantar vai atrasar uns dez minutos.

O marido respondeu sorrindo:

– Ótimo! Enquanto isso, tomarei banho e descerei em seguida.

A mulher estava feliz, pois ele havia atendido seu pedido de chegar pontualmente à hora do jantar.

Bernadete era uma mulher tranquila. Havia se casado há mais de vinte anos e seu único filho, chamado Fernando, terminava de cursar Direito na mesma faculdade em que o pai havia se formado: a tão aclamada Faculdade de Direito do Largo São Francisco, na capital paulista. Ela estava feliz, pois as férias se aproximavam e o filho iria passar aquele período na fazenda. Zulmira, sorrindo, perguntou:

— Quando que o sinhozinho virá da capital, sinhá?

Bernadete respondeu sorridente:

— Na carta que recebi, ele disse que virá em quinze dias, pois está fazendo as provas finais e tem tirado as melhores notas do semestre.

Zulmira respondeu:

— Pensar que aquele moleque sapeca um dia será um doutor como o pai é um orgulho.

O rosto de Bernadete se iluminava ao falar do filho.

— Lembra-se do quanto ele aprontava com você? — ela perguntou.

Zulmira, lembrando-se de uma travessura do menino, começou a rir, despertando a curiosidade da patroa.

— Do que está rindo?

— Estou me lembrando de quando ele fez aquela cobra de meia; amarrou uma linha e puxou enquanto eu estava no fogão. Quase morri de susto, passei até mal. A sinhá chegou à cozinha e eu estava sentada, sentindo imensa falta de ar. A sinhá, ao descobrir que era peraltice do moleque, pegou-o pelas orelhas.

Maria José achou graça, e Bernadete continuou com suas lembranças:

— Ele sempre estava machucado, pois vez ou outra caía dos pés das árvores, dos cavalos e das correrias com os filhos dos colonos.

Intrigada, a esposa de Jonas perguntou:

— A senhora o deixava brincar com os filhos dos colonos?

— Sim! O que havia demais? Os meninos eram bonzinhos, faziam-lhe companhia e todas as tardes vinham comer bolinhos com café aqui na cozinha.

Bernadete se lembrou de Juca, o melhor amigo de Fernando, que se casou cedo e morreu de tanto beber. As duas mulheres ficaram tristes com o destino do menino. Maria José indagou:

— Mas por que ele se casou cedo?

Bernadete, lembrando-se com saudosismo do menino, relatou:

— Juca era um menino muito educado e, à medida que foi crescendo, passou a se interessar pelas mocinhas da fazenda. Por fim, ele conheceu uma jovem chamada Dolores, e a pobre logo ficou grávida. Juca se casou por imposição do pai dela e foi morar em outra fazenda. A vida era difícil, e ele, vez por outra, emprestava dinheiro de Fernando, que sempre ajudava o amigo. A sogra morreu, e o sogro foi morar com ele. Como Galdério ainda era um homem forte, começou a comandar a vida do casal. Juca resolveu trabalhar em outra fazenda, a fim de não ter que conviver diariamente com o sogro. E foi então que começou a beber... Todos os dias chegava bêbado em casa e ouvia os mesmos sermões do sogro. Até que um dia o encontraram morto, pendurado em uma árvore. Fernando já estava na capital quando o fato aconteceu e não pôde comparecer ao velório do amigo.

Zulmira ajuntou:

— Foi um dia muito triste.

— Então ele se matou? — indagou Maria José.

— Não sabemos o que o levou a tirar a própria vida, mas há coisas estranhas nesse fato — disse Bernadete. — Embora o Juca tivesse problemas com o sogro, todos diziam que ele era um jovem alegre e nunca reclamava da vida.

— Galdério não é o melhor amigo de Joaquim? — Maria José lembrou-se.

— Sim, esse mesmo... Galdério e Joaquim estão sempre às beiras dos rios pescando.

A esposa de Jonas achou aquela história esquisita, porém se limitou a ouvir a conversa. Bernadete continuou a falar sobre o filho e, em seguida, pediu a ela:

— Maria, por favor, avise Cleuza para arrumar o quarto de Fernando e peça que tire todas as roupas de cama para lavar. Quando ele chegar, quero que encontre seu quarto em perfeito estado.

A empregada saiu rapidamente da cozinha, obedecendo às ordens da patroa, que, apesar de seus quarenta e tantos anos, ainda conservava a mesma beleza de outrora. Era uma mulher de estatura mediana, com uma bela silhueta, olhos e cabelos castanhos, sem um fio de cabelo branco. Tinha ficado ainda mais bonita com o passar dos anos. Possuía um temperamento calmo, apesar de ter muito ciúme do marido. Bernadete via em Zulmira sua mãe, respeitando-a como tal.

Assim, com o passar dos dias, a esposa de Silvério estava ainda mais feliz por ver se aproximar o momento de o filho regressar à fazenda.

Naquela noite, Maria José chegou a sua casa acompanhada do marido e passou a falar sobre a morte estranha de Juca, que trabalhava na fazenda do senhor Getúlio. Jonas se lembrou do fato e com displicência respondeu:

— Eu me lembro desse fato, Maria, mas por que se recordar disso agora?

Ela contou sobre a conversa que ouvira na cozinha entre Zulmira e Bernadete, e acrescentou:

— Pelo que ouvi, Juca era um rapaz alegre, que não tinha problemas com ninguém a não ser com o sogro. E quem é o melhor amigo de Galdério?

Jonas, compreendendo aonde a esposa queria chegar, respondeu:

— Joaquim!

E ela concluiu:

— Não acredito que houve suicídio, mas sim assassinato; e, pior, com a participação de Joaquim.

Jonas pensou por alguns instantes e decidiu ressuscitar o assunto para o dono da fazenda. Maria José, cansada, resolveu tomar banho enquanto as crianças jantavam e, como já havia comido, despediu-se de todos e foi dormir. Jonas ficou na rede, pensando sobre o fato: "Por que alguém mataria um menino com pouco mais de vinte e um anos? Só tenho certeza de uma coisa: se Galdério e Joaquim são amigos, é porque no fundo são iguais. Mas como farei para conversar com doutor Silvério sobre as minhas dúvidas?".

Jonas adormeceu na rede e viu a imagem de Juca à sua frente, dizendo:

– Não me suicidei! Joaquim e Galdério me mataram... Não esqueça.

O peão acordou assustado, e a fisionomia de Juca estava tão viva em sua mente que ele disse a si mesmo: "Pensei tanto no assunto que acabei sonhando com o pobre rapaz".

Então se levantou e foi dormir na cama. Ao deitar-se, seu sono foi embora, e na mente ficou apenas a frase: "Joaquim e Galdério me mataram". Porém ele atribuiu aquilo a um sonho. O que Jonas não sabia era que Juca estivera mesmo em sua sala e que, por um momento, ele tinha visto o moço desencarnado.

Desde seu desenlace, Juca estava preso ao ódio que sentia por Galdério e Joaquim, de modo que se tornara inviável a ajuda de que necessitava. Na maioria das vezes, acompanhava o ex-sogro para todos os lugares. Juca sempre se lembrava da pressão que sentira na cabeça, do ar que lhe faltara nos pulmões e, principalmente, do barulho das vértebras se quebrando, o que lhe causava imenso mal-estar.

Ele olhava com carinho para seu filho, que agora, com pouco mais de quatro anos, assemelhava-se fisicamente ao pai. Juca tinha ódio de seus algozes, porém o amor ao menino o impedia de deixar o local. Ao perceber que Jonas tinha facilidade em ser tirado do corpo, minutos antes de pegar no sono, Juca aproveitou-se da situação para conversar com ele.

Certo dia, estando Juca sentado à soleira da porta da venda, Zaqueu e Orfeu se fizeram presentes, e foi Orfeu quem começou a falar:

— Meu filho, não acha que está sofrendo muitíssimo nessa dimensão? Como sabe, você já perdeu seu corpo físico e está na hora de pensar em si mesmo.

Juca, olhando para as duas figuras, logo reconheceu Zaqueu e disse com raiva:

— Não adianta quererem me levar embora. Antes eu tenho que me vingar dos homens que me ceifaram a vida.

Zaqueu, com suavidade na voz, falou:

— Meu filho, o perdão é o melhor caminho; liberte-se das correntes que o prendem a este mundo.

O rapaz respondeu:

— O ódio é o que me faz viver.

Orfeu se intrometeu na conversa:

— Você pensa que o ódio o faz viver, mas é o contrário. Somente o amor nos faz crescer.

Juca estava aborrecido com aquela conversa, de modo que disse:

— Ninguém me fará esquecer minha vingança.

Zaqueu, em tom bondoso, ponderou:

— Assim como você, eu tive minha vida ceifada e não pude terminar de criar meus filhos. No entanto, descobri no perdão a melhor forma de ajudá-los.

— Só sairei deste lugar quando concluir minha vingança — Juca insistiu. — Aliás, isso está indo de vento em popa.

— Enquanto não concluir sua vingança, você ficará aqui? — Orfeu perguntou. — Não acha que está na hora de pensar em você e esquecer-se de algo que não lhe fará bem algum?

Cansado daquela conversa, o rapaz desapareceu. Os outros dois espíritos não precisavam usar palavras para se comunicar, pois o faziam com naturalidade pelo pensamento. Orfeu, olhando para Zaqueu, disse mentalmente:

– Juca não está pronto para receber ajuda. Devemos amá-lo e tentar ajudá-lo à distância, confiando sempre na bondade divina.

Zaqueu concordou sem nada responder. As duas figuras olharam para dentro da venda, e lá estavam Joaquim e Galdério bebendo juntos. Zaqueu falou em pensamento:

– Pobres homens! Não imaginam que cada um deles terá que prestar contas a Deus pelos seus atos.

– Para tudo há um momento certo debaixo do sol – Orfeu ajuntou. – Há tempo de errar e tempo de se reconhecerem os erros...

Logo, os dois espíritos resolveram ir até a casa de dona Maroca, uma viúva que costumava lavar roupas para sobreviver. Maroca tinha dois filhos; ambos já eram casados e moravam na capital. A pobre viúva morava sozinha em uma pequena casa em outra fazenda, cujos donos eram Augusto e Cecília.

O genro de dona Maroca a presenteara com um livro intitulado *O Livro dos Espíritos*. O rapaz, que se chamava Eugênio, fazia parte de um pequeno grupo de estudos e era muito interessado em assuntos relativos à espiritualidade, por observar fenômenos com os quais tivera de aprender a conviver durante sua vida.

Eugênio morava na capital e não raro escrevia cartas para a sogra com muitos esclarecimentos. Maroca também convivia com esses fenômenos de ver e ouvir os espíritos, e para ela esse fato tornara-se algo normal, principalmente depois de conhecer as informações que o genro lhe transmitia.

Dona Maroca era uma pessoa exemplar, porém Cecília, a esposa do dono da fazenda onde trabalhava, a achava uma inútil por ser uma mulher de meia-idade, tendo ela uma aparência que a envelhecia ainda mais. Embora recebesse muitas críticas da patroa, a viúva nunca perdia a paciência, pois no fundo tinha compaixão daquela mulher que, mesmo sendo rica, era traída pelo esposo e vivia arranjando confusão com os empregados, na tentativa de extravasar suas frustrações.

Maroca gostava muito de Maria José e, sempre que tinha um tempinho, ia até a casa da amiga para tomar café e conversar. Aos domingos, a esposa de Jonas não trabalhava; apenas Zulmira, que, acostumada à rotina, preparava as refeições dos patrões. Dois domingos por mês, Maroca aproveitava a folga para visitar a esposa de Jonas.

Naquela tarde, dona Maroca estava aborrecida, de modo que confessou:

— Ah, Maria, não gosto de reclamar, mas as coisas na fazenda de seu Augusto e dona Cecília estão insuportáveis.

A amiga, preocupada, perguntou:

— O que está acontecendo?

— Dona Cecília achou que eu havia rasgado a renda de um de seus vestidos e chegou a me chamar até de imprestável. Tantos anos trabalhando como lavadeira e agora, depois de velha, recebo tantas ofensas...

Maria José perguntou:

— Mas você viu o vestido rasgado?

— Não! Acho que ela inventou essa história somente para descarregar em mim suas frustrações. Pedirei a minha filha para morar com ela, pois estou cansada de tantas humilhações.

A esposa de Jonas gostava verdadeiramente da amiga e, com isso, perguntou:

— Se aparecer outro lugar para trabalhar por essas bandas, você sai da fazenda do senhor Augusto?

A lavadeira, sorvendo um gole de café, respondeu com um sorriso triste:

— Não penso duas vezes...

Maria José não disse nada, porém Orfeu e Zaqueu incutiam em dona Maroca o desabafo e, ao mesmo tempo, colocavam na cabeça da esposa de Jonas a ideia de conversar com Bernadete sobre a situação da amiga. As duas mulheres falaram por mais uma hora e meia, até se despedirem.

Assim que Maroca foi embora, Maria José viu quando o marido chegou da pescaria trazendo alguns peixes e comentou:

— Jonas, limpe os peixes. Eu preciso conversar com dona Bernadete.

Intrigado, ele perguntou:

— Conversar sobre o que, mulher?

Ela saiu sem dar maiores explicações. Ao chegar à cozinha da casa-grande, viu que Zulmira caminhava com grande dificuldade e indagou:

— Por que não mandou me chamar? A senhora não pode ficar trabalhando sozinha.

Zulmira sorriu e respondeu:

— Dor é uma coisa com que nos acostumamos.

Maria José apressou-se em arrumar a mesa, colocar a comida nos refratários de porcelana, preparar o suco e servir. Bernadete, chegando à cozinha, perguntou:

— O que faz aqui?

Maria José, sem hesitar, respondeu:

— Vim conversar com a senhora, mas vi a dificuldade de Zulmira e resolvi ajudá-la.

A patroa gostou da atitude da empregada e indagou:

— Quer conversar agora, ou depois do jantar?

— Pode ser depois do jantar. Vou ajudar Zulmira na cozinha e somente depois que ela for descansar conversarei com a senhora. Claro, se a senhora quiser...

— Se quer assim, assim será — a patroa disse sorrindo.

Assim que Silvério e Bernadete terminaram a sobremesa, Maria José retirou a mesa, lavou as porcelanas, lavou os pés de Zulmira na salmoura e ficou esperando. Logo depois, a patroa chegou e, olhando com simpatia para ela, perguntou:

— O que você quer, Maria?

Escolhendo as palavras, a esposa de Jonas contou o motivo pelo qual havia ido procurá-la. Bernadete ouviu tudo em silêncio e comentou ao fim da narrativa:

— Cecília sempre foi uma mulher perturbada, mas agora, com as traições do marido, tem ficado ainda pior... Pobre mulher!

Mas ela ainda não entendia o motivo de Maria José relatar a história da lavadeira e voltou a perguntar:

— Aonde você quer chegar, Maria?

— Senhora, eu gostaria que a senhora desse emprego para dona Maroca. A pobrezinha tem sofrido muito nas mãos de dona Cecília.

Pensativa, Bernadete respondeu:

— Mas nós já temos uma lavadeira. Onde essa mulher poderia trabalhar?

Maria José pensou por alguns instantes e respondeu:

— Talvez a senhora precise de outra pessoa para arrumar a casa e, assim que terminar essa tarefa, ela poderá nos ajudar na cozinha.

A esposa de Silvério se lembrou de que realmente precisava de mais uma pessoa para a função de arrumadeira. Com isso, falou:

— Traga essa mulher para conversar comigo amanhã. De preferência, na parte da manhã.

— Senhora, pela manhã eu não posso. Tenho que ajudar Zulmira nos afazeres da cozinha.

A cozinheira, que acompanhava a conversa, logo se intrometeu dizendo:

— Não se preocupe com isso. Vá atrás de Maroca que eu cuido da cozinha até você chegar.

Bernadete sorriu mais uma vez e disse:

— Está vendo? Não vejo motivos para me desobedecer...

Maria José pensou por alguns instantes.

— Mas onde Maroca vai morar? – perguntou.

— Tem a casa que foi reformada para o Benedito – a patroa respondeu. – Ela poderá ficar lá até arranjarmos um lugar mais próximo da casa-grande.

Zulmira sorriu com a decisão da patroa. Maria José, preo-cupada, indagou:

– E quem irá ajudá-la na mudança, senhora?

– Pedirei para Ozório e Ageu cuidarem disso. Amanhã mesmo ela sairá do calvário em que está vivendo.

A empregada agradeceu a Bernadete e lembrou-se em seguida de que ainda tinha de preparar o jantar em sua casa. Estava feliz, pois amava dona Maroca como a uma mãe, e agora poderia conviver diariamente com a amiga querida. Ao chegar a sua casa, encontrou o marido contrariado.

– Por que foi à casa-grande? – ele perguntou rudemente. – Está se esquecendo de suas obrigações de mulher?

Maria se irritou com a posição machista de Jonas e retrucou:

– Ajudar uma amiga não faz de mim uma péssima esposa e mãe. Portanto, não admito que fale comigo dessa maneira!

O peão arregalou os olhos para a esposa. Afinal, nunca a vira falar daquela forma e, tentando contornar a situação para não discutirem, perguntou:

– Ajudar uma amiga? Como assim?

A mulher, que já estava irritada, respondeu:

– Agora não quero falar. Quero ficar sozinha, pois preciso preparar o jantar para as crianças.

Maria José era uma mulher bondosa, porém muito im-petuosa e, quando se zangava, recusava-se a falar. Jonas, percebendo que havia passado dos limites, resolveu mudar de assunto:

– Os peixes estão limpos.

A esposa não respondeu e, como estava brava, preparou a refeição com rapidez. Durante o jantar, conversou apenas com os filhos. Dirceu olhou para a mãe e falou:

– Gosto quando a senhora está em casa.

Sorrindo, ela respondeu:

– Também gosto de ficar com vocês, meus filhos! Porém, a partir do próximo domingo, terei de ajudar Zulmira na ca-sa-grande.

Jonas, ao ouvir as palavras da esposa, enfureceu-se.

– O quê? Você vai trabalhar até aos domingos?

– Isso mesmo. Preciso ajudar Zulmira. A pobre senhora trabalha de domingo a domingo e tem sofrido sem minha ajuda.

– Espero que ganhe mais por isso.

A esposa perdeu o controle de vez.

– Você, como sempre, só pensa em dinheiro. Não sabe fazer nada se não tiver algo em troca. Quando aprender um pouco sobre caridade, voltamos a nos falar.

Dirceu, olhando para os pais, intrometeu-se na conversa:

– Vocês não vão brigar agora, não é? Justo hoje que estamos juntos...

Os pais olharam para a expressão triste da criança e resolveram pôr um fim à conversa.

Jonas jantou e deitou-se em sua velha rede, enquanto Maria José foi lavar os pratos do lado de fora da casa. As crianças brincaram por um tempo e logo receberam ordens do pai para dormir. Maria José entrou em seu quarto, penteou os cabelos e deitou-se, pois sabia que teria de acordar muito cedo no dia seguinte.

Jonas, atordoado com a discussão que se iniciara, pensou: "Maria pensa que a vida é só ajudar os outros. Será que ela não entende que primeiramente temos que ajudar a família? Ela é uma boa pessoa, porém é muito teimosa, sobretudo quando acredita estar certa".

E, sem nem mesmo estar com sono, o peão sentiu os olhos pesarem e mais uma vez viu a figura de Juca à sua frente.

– Procure o doutor Silvério e conte a ele que não me suicidei – o desencarnado lhe disse. – Conte a ele que Joaquim e Galdério me mataram.

Jonas, assustado, saiu daquele torpor e pensou mais uma vez: "Preciso encontrar uma forma de conversar com o doutor Silvério, pois aquele rapaz não se matou. Ele foi assassinado".

Mesmo sem perceber, havia repetido praticamente as mesmas palavras ditas por Juca. A seguir, sabendo que mais um dia de trabalho intenso o aguardava dali a poucas horas, dirigiu-se ao quarto e deitou-se com cuidado ao lado da esposa, para não atrapalhar o sono dela.

CAPÍTULO 14

Recomeço

Maria José acordou no mesmo horário de todos os dias. Ainda estava brava com Jonas, mas mesmo assim acendeu o fogão e preparou o café para o marido levar ao trabalho. Ela havia feito pães no dia anterior e deixou o bule de café e o prato com pães sobre a mesa. Jonas entrou na cozinha e, como se não houvesse acontecido nada, falou:

— Bom dia, Maria!

Com tom ríspido, ela respondeu com frieza:

— Bom dia!

Jonas não podia acreditar que a esposa ainda estivesse zangada com ele por ter feito apenas uma pergunta.

— Deixe de bobagem, mulher — ele disse sorrindo. — Não fique brava comigo; apenas senti sua falta.

Maria, olhando para ele, falou com frieza:

— O que pensa de mim, Jonas? Só porque fui até a casa--grande conversar com dona Bernadete para pedir por uma amiga e aproveitei para ajudar Zulmira, você ficou bravo? Às vezes chego a pensar que você não confia em minha lealdade.

O peão enrubesceu de vergonha e retrucou:

– Nunca pensei nada disso sobre você, Maria. Você é uma boa esposa e mãe.

– Mas não foi isso que você disse ontem!

Jonas, querendo pôr fim à conversa, posou de vítima:

– Quer saber? Você está sempre certa e eu estou sempre errado.

Maria arregalou os olhos.

– Pare de vitimismo, pois isso me enoja – ela falou, encerrando o assunto.

Jonas, sem encontrar mais o que dizer, pegou suas coisas e foi trabalhar.

Maria José chegou à cozinha e encontrou Zulmira fazendo café. Ageu já estava na mangueira esperando o leite ser colhido. Depois de cumprimentar a velha cozinheira, Maria tratou de arrumar a mesa e ajeitou os bules de porcelana para colocar o café e o leite. Assim que Ageu chegou com um latão de leite, Maria já o colocou para ferver e começou a preparar os pães, como era costume ser feito todas as segundas-feiras. Com a chegada dela, o serviço de Zulmira diminuíra, e muito. A velha cozinheira perguntou:

– Que horas pretende falar com dona Maroca?

– Depois que os patrões tomarem café.

– Vá agora – Zulmira aconselhou. – Você já arrumou tudo. Falta só colocar o café e o leite nos bules. Quanto à fornada de pão, não se preocupe que eu fico de olho.

Maria perguntou:

– Não acha que é muito cedo?

– Não! Será melhor assim. Depois do café, a sinhá conversa com ela e já arruma tudo.

Maria, tirando o avental, resolveu acatar a sugestão.

Zulmira adiantou-se em dizer:

– Não vá sozinha. Leve Ageu com você.

Maria foi até o rapazinho, que arrumava outros latões de leite, e ordenou:

– Ageu, venha comigo! Preciso ir à fazenda vizinha.

Ele tampou os latões e os colocou sobre a carroça, pois era comum entregar todas as manhãs os latões excedentes na venda de Malaquias.

– Vamos até a cidade e na volta passaremos na fazenda – disse o rapazinho.

Ageu era discreto, de modo que nada perguntou a Maria. Os dois saíram da fazenda e fizeram conforme combinado: entregaram o leite na venda e depois passaram na fazenda de Augusto. Maria sabia onde a lavadeira morava e foi diretamente à casa dela. Maroca já estava de saída quando viu a carroça chegar e, observando, percebeu se tratar da esposa de Jonas.

– Dona Maroca, a dona Bernadete quer conversar com a senhora – Maria foi logo dizendo. – Ela vai lhe oferecer trabalho e, o melhor, não será como lavadeira.

A amiga abriu um largo sorriso e falou:

– Preciso pegar as roupas antes das seis da manhã. Se não o fizer, dona Cecília ralhará comigo.

– Não se preocupe com dona Cecília. A partir de hoje, ela não a incomodará mais.

A viúva pensou por alguns instantes e decidiu:

– Vou com você e, assim que conversar com dona Bernadete, volto para falar com dona Cecília.

A mulher subiu na carroça com Ageu e Maria José, e rumaram para a fazenda. Ao chegarem, Maria a levou à cozinha e perguntou:

– A senhora já tomou café?

– Já sim, minha filha!

Zulmira, estranhando o fato, perguntou:

— A que horas a senhora se levanta?

— Levanto-me às cinco, pois tenho que acender o fogão, preparar o café e ir pegar as roupas para lavar.

— Mas a que horas faz os pães? – a velha cozinheira voltou a inquirir.

Dona Maroca, sorrindo, respondeu:

— Não faço pães, pois não tenho tempo. Chego todos os dias tarde da noite e, como estou cansada, logo adormeço.

Maria perguntou:

— Mas dona Cecília não lhe dá o café da manhã com pão, leite e queijo?

— Nunca a vi dando café para nenhum empregado – a viúva respondeu. – Só para Tereza, que é sua cozinheira. Bem... Na verdade, ela não dá, mas Tereza toma.

Maria José sentiu-se enojada daquela mulher e, com isso, falou:

— Venha, vamos tomar café. Depois a senhora conversa com dona Bernadete.

— Obrigada, minha filha, mas ainda não trabalho aqui para me aproveitar dessa maneira...

Naquele momento, Bernadete chegou e, vendo que a mulher já a esperava, disse gentilmente:

— Dona Maroca, espere que meu marido saia para trabalhar e virei em seguida conversar com a senhora.

A viúva anuiu com a cabeça e, assim que viu a mulher de Silvério sair, disse para Maria:

— Como ela é educada!

Maria, estranhando a observação, perguntou:

— Por que diz isso?

— Porque dona Cecília só sabe gritar. Ela grita com todo mundo.

Zulmira informou sorrindo:

— Criei a sinhá Bernadete e ela sempre foi assim. Nunca a vi gritando com ninguém.

Dona Maroca fechou os olhos e pediu a Deus que lhe permitisse conseguir o emprego. Silvério e Bernadete conversaram durante o café da manhã e, assim que o marido se trancou em seu gabinete, ela foi à cozinha. Olhando para Maroca, perguntou:

— A senhora já tomou café?

— Não, senhora!

Zulmira se intrometeu na conversa, dizendo:

— Nós oferecemos, mas ela se recusou, pois achou um abuso tomar café na casa da sinhá sem nem mesmo estar trabalhando aqui.

Bernadete sorriu e falou:

— Mas a senhora já está trabalhando aqui. Já combinei tudo com Maria José. A senhora trabalhará na arrumação da casa, fará todas as refeições na cozinha e ganhará mil e quinhentos réis ao mês.

Assustada, dona Maroca perguntou:

— A senhora não acha que está exagerando?

— Não! Por que pensa assim?

— Porque eu só ganhava duzentos réis com dona Cecília, com direito às refeições.

Bernadete, arregalando os olhos, disse:

— Cruz-credo! Que mulher muquirana! Onde já se viu ter coragem de pagar duzentos réis para uma pessoa e ainda se achar no direito de humilhá-la?

Maroca percebeu que Maria tinha contado sua história para a patroa, porém não se importou com o fato. Bernadete ordenou:

— Maria, peça para Ageu vir até aqui.

A empregada saiu com rapidez e encontrou o rapaz limpando a mangueira.

— Ageu, dona Bernadete está lhe chamando.

Ele a acompanhou, e a patroa falou assim que o viu:

— Leve dona Maroca até a fazenda do senhor Augusto. Ela vai conversar com dona Cecília. Depois a ajude a pegar suas coisas e deixe tudo na casa que foi preparada para Benedito... Aliás, você já tomou café?

– Ainda não! – ele respondeu. – Tenho que esperar Benedito e Ozório, pois combinamos de tomar café juntos.

– A que horas eles chegam?

Nesse momento, as mulheres ouviram a gargalhada de Benedito. Ageu comentou:

– Acho que já chegaram.

Bernadete, ao ver Ozório e Benedito, ordenou:

– Tomem café e acompanhem Ageu e dona Maroca à fazenda do doutor Augusto. E não voltem sem ela.

Benedito, sorrindo, anuiu com a cabeça, e logo dona Maroca se juntou a eles para fazer o desjejum. Depois do café, os quatro saíram em direção à fazenda do senhor Augusto. Ao chegarem lá, dona Maroca mal entrou na cozinha, e Cecília a esperava com os olhos faiscando de raiva. Tratava-se de uma mulher robusta, e seu mau humor e azedume a faziam parecer mais velha do que o normal.

– Isso são horas de chegar, sua imprestável? – Cecília gritou. – Hoje trabalhará até mais tarde para compensar o atraso.

Dona Maroca, com paciência, respondeu:

– Desculpe, dona Cecília, mas não pretendo trabalhar mais para a senhora.

A mulher começou a rir – ela não tinha visto os três homens que estavam em frente à casa-grande – e perguntou:

– Está desistindo da vida, velha inútil?

A viúva baixou o olhar e exclamou:

– De forma alguma, dona Cecília! Apenas estou indo para um lugar onde vou ganhar mais.

Cecília soltou uma gargalhada irônica e, com desprezo, perguntou:

– Vai sair daqui para ir aonde? Vai trabalhar de queijeira? Pois pra lavar roupas você não vale nada mesmo.

A lavadeira, tomando uma posição enérgica, mas respeitosa, respondeu:

— Bem, já que sou tão inútil como a senhora diz, saiba que vou pegar minhas coisas e vou-me embora agora mesmo.

Cecília, embora gostasse de humilhar a pobre mulher, sabia perfeitamente que ninguém lavava e passava roupa como ela, por isso falou:

— Vai embora daqui para morar onde?

— Arrumei trabalho com dona Bernadete. Não vou lavar roupas. Trabalharei dentro de casa e não precisarei ficar tomando sol o dia inteiro.

Cecília, tomada de raiva, disse:

— Vou conversar com Bernadete, pois não posso deixar minha amiga fazer uma besteira dessas. Onde já se viu contratar uma velha para arrumar sua casa?

Dona Maroca fez uma prece em pensamento e perguntou a seguir:

— A senhora vai pagar meu ordenado?

Cecília, como vingança, respondeu:

— Ingratos não têm ordenados! Se quiser trabalhar para Bernadete, isso é com você, mas daqui não levará nada do que há em sua casa.

— Como? Não tenho ordenado e também ficarei sem minha mobília? A senhora enlouqueceu?

Cecília, possessa de ódio, começou a gritar:

— Fora daqui! Saia já de minhas terras, velha insolente!

A viúva, chorando, saiu da casa-grande. Quando os homens a viram em lágrimas, perguntaram o que havia acontecido. Soluçando, ela contou tudo o que tinha ouvido da ex-patroa. Benedito, levando a mão ao ombro da senhora, disse:

— Não se arrelie, dona Maroca. Deus vai dar em dobro a essa mulher tudo de ruim que ela está lhe fazendo.

Os quatro saíram logo dali e voltaram para a fazenda. Bernadete, ao ver o estado de dona Maroca, perguntou:

— O que houve?

A viúva contou tudo exatamente como havia acontecido. Tomada de furor, Bernadete disse:

– Isso não ficará assim! Vou falar com meu marido e iremos pessoalmente conversar com Augusto e Cecília.

Dona Maroca, temerosa, implorou:

– Não faça isso, por favor! A senhora não imagina o quanto aquela mulher é vingativa.

Indignada, Bernadete respondeu:

– A senhora tem o direito de tirar suas coisas de lá e receber pelo que já trabalhou. Onde já se viu fazer uma coisa dessas?

Dona Maroca disse resignada:

– Deus nos dá todos os dias o direito de recomeçar. Chegou o momento de recomeçar minha vida. Quem sabe não será melhor começar tudo de novo e não ter nada que me lembre do passado?

A esposa de Silvério, olhando seriamente para ela, falou:

– É assim que a senhora quer? Se quiser, poderei resolver esse problema com uma simples conversa. Afinal, meu marido é o homem mais influente do lugar e só perde para o coronel Bernardi nessas redondezas.

Dona Maroca, com lágrimas nos olhos, respondeu:

– Não quero que faça nada, por favor!

Bernadete, que era uma mulher de bons sentimentos, lembrou-se de alguns móveis velhos que tinha guardado no porão da casa-grande.

– Maria, chame Benedito, Ozório e Ageu, e diga para virem até aqui – ela ordenou.

A empregada saiu, e rapidamente os quatro entraram na cozinha. Bernadete falou:

– Tenho móveis que já não usamos mais. Quero que limpem todos os que dona Maroca escolher. Depois os levem à casa que ela vai ocupar e a ajudem a colocá-los em seus lugares.

Dona Maroca mal acreditava no que ouvia. Olhou com ternura para Bernadete e agradeceu:

– Deus a abençoe muito, senhora!

– Deus já tem me abençoado – a mulher disse, e concluiu:

– Não se preocupe com suas vestes, pois lhe arranjarei dois pares de roupas. Porém, ainda hoje irei à cidade, comprarei fazendas de tecidos e pedirei a dona Jandira que lhe faça vestidos novos. E tem mais... – ela saiu e voltou com mil e quinhentos réis, dizendo: – Este aqui é o adiantamento, por ser minha mais nova empregada.

Dona Maroca não conseguiu segurar a emoção, de modo que disse:

– Não posso aceitar! A senhora já fez muito por mim.

Bernadete, sorrindo, respondeu:

– Só estou sendo justa. Afinal, se eu não a empregasse aqui, nada disso teria acontecido. A senhora não teria sido tão humilhada.

– Dona Cecília já me humilhou tantas vezes, que isso não me dói mais...

– Essa mulher é pior do que eu pensava – Bernadete falou. – Ela destruiu seu amor-próprio.

– Não, senhora! Tenho meu amor-próprio intacto dentro de mim; apenas aprendi a perdoar.

A esposa de Silvério ficou surpresa com aquela resposta e sorriu com grande admiração.

Bernadete levou a viúva ao porão, ordenando a Benedito, Ozório e Ageu que as acompanhassem. Descobrindo os móveis que ali estavam, ela disse:

– Escolha todos os que a senhora quiser, dona Maroca.

A viúva escolheu apenas uma cama com colchão e uma cristaleira. Inconformado, Benedito perguntou:

– A senhora só levará isso? Com tantas coisas que tem aqui?

— Estou pegando por empréstimo – a mulher respondeu. – Com o salário que receberei, comprarei coisas mais simples. Isso nem combina com minha casa.

Benedito falou rindo:

— Se fosse comigo, juro que levaria quase tudo daqui. Veja, só tem móveis bons!

Dona Maroca, com lágrimas nos olhos, respondeu:

— Que adianta móveis bonitos, roupas caras e casa bonita, se a pessoa tem um coração feio? Dona Cecília tem tudo isso, mas o coração daquela mulher é algo pavoroso.

Benedito concordou.

— Isso é verdade. Mas a senhora é diferente...

— Diferente como? – perguntou Maroca.

— Não sei... Mas ainda vou descobrir.

— Somos todos diferentes – ela disse. – Afinal, Deus não podia nos fazer iguais, não é mesmo?

Todos concordaram com ela, e logo os rapazes levaram os móveis para a carroça. Bernadete acompanhava tudo, porém achou que era pouca coisa e perguntou:

— Só vai levar mesmo a cama e a cristaleira?

— Não preciso de mais do que isso, senhora. Tendo uma casa e uma cama para dormir, já está bom.

A boa senhora ajuntou:

— Mas a casa ficará vazia...

— Dona Bernadete – Maroca falou com voz calma –, a verdade é só uma: temos muitos desejos em ter coisas, mas as necessidades são poucas. As pessoas querem tantos bens, sonham muito, mas a verdade é que precisamos de pouco para viver. Como disse o santo apóstolo Paulo: "Nus viemos ao mundo e nus voltaremos".

Bernadete achou as palavras daquela simples mulher muito profundas e comentou:

— Mesa e cadeiras são imprescindíveis em uma casa.

— Mas por que judiar dos rapazes? – Maroca perguntou. – A mesa que a senhora tem é grande e muito pesada. Isso só vai judiar dos homens e do animal que puxa a carroça.

Benedito se intrometeu no assunto.

– Que não seja por isso, dona Maroca. Temos forças para carregar a mesa e podemos vir buscá-la assim que deixarmos estas coisas na casa.

Bernadete gostou da atitude dele e falou:

– Está bem. Faça isso.

A seguir, voltou para o interior da casa e ordenou:

– Maria, por favor, providencie utensílios de cozinha para dona Maroca, pois isso não pode faltar em uma casa.

Zulmira sorriu encantada com a postura da patroa.

– Sinhá, minha mãe sempre dizia que, quando fazemos o bem ao próximo, fazemos a nós mesmos.

Bernadete, beijando Zulmira, disse:

– E você passou isso para mim... A generosidade vem de família.

Maria José sorriu feliz em ver a demonstração de afeto, por parte de Bernadete, à velha senhora.

– Mas como saberei o que posso pegar? – ela perguntou.

Na despensa da cozinha havia muitos utensílios, e a patroa autorizou:

– Pegue o que quiser. Quando tiver dúvidas é só perguntar a Zulmira, que ela saberá lhe dizer se pode ou não.

Maria José entrou na despensa e viu enormes prateleiras. Havia panelas, bacias, pratos que não se usavam mais, bules, xícaras, copos... enfim, uma gama de utensílios que Bernadete comprava em suas viagens, descartando os mais antigos.

A esposa de Jonas ficou encantada ao ver tudo aquilo e, pegando primeiro a bacia, foi colocando tudo o que achava necessário dentro dela. Zulmira, vez por outra, entrava na despensa e dizia sorrindo:

– Nesta casa são só três pessoas... Bem, agora são duas, e eu não compreendo por que há tantas coisas aqui.

– Este é o sonho de toda mulher: ter talheres, porcelanas, panelas... – Maria falou e, observando o tamanho das panelas, acrescentou: – Não acha que são muito grandes para dona Maroca, que morará sozinha?

– Tem razão – concordou a cozinheira. – Vou conversar com a sinhá, pois essas panelas realmente são muito grandes para uma pessoa só. Aliás, o bule também é enorme...

Maria José pensou: "Pelo jeito, não há muitas coisas para aproveitar".

As duas mulheres conversavam sobre isso quando Bernadete entrou perguntando:

– Já escolheram as coisas?

Zulmira respondeu:

– Sinhá, as panelas e o bule são grandes para uma pessoa sozinha.

Bernadete não havia pensado no assunto, de modo que disse:

– Então, logo depois do almoço, iremos à venda de Malaquias comprar utensílios menores.

– Deixe que Maroca vá comprar, sinhá. Ela recebeu seu pagamento – Zulmira disse.

Bernadete, entusiasmada com a situação, falou:

– Ela irá conosco. Compraremos os utensílios. Com o dinheiro que recebeu, ela poderá comprar também mantimentos, e assim não faltará nada em sua casa. Sem contar que leite, ovos, hortaliças, queijos e outras coisas têm de sobra na fazenda.

Maria José, feliz, olhou para a patroa e, do fundo do coração, disse:

– Nunca vi uma pessoa tão boa como a senhora.

Bernadete, sorrindo, explicou:

– Querer ajudar quem precisa não faz de mim uma boa pessoa. O único que poderá me dizer isso um dia será Deus.

Logo as mulheres ouviram um burburinho na cozinha. Era Benedito e os rapazes que tinham voltado. Bernadete perguntou:

– Como está a casa de dona Maroca, Benedito?

– Vazia, como a senhora havia predito – ele respondeu.

Então ela resolveu acompanhar os rapazes até o porão. Eles iriam pegar a mesa e as cadeiras prometidas a dona Maroca. Benedito comentou:

— Senhora, esta mesa ficará muito grande naquela cozinha. A casa é pequena para estes móveis.

Bernadete perguntou:

— A cama e a cristaleira couberam?

— O espaço ficou um pouco apertado. No quarto, se couber, é só um baú. Na cozinha cabe uma mesa pequena com duas cadeiras, no máximo, porque o fogão a lenha é muito grande.

Bernadete sentiu pena da pobre senhora e, com isso, ordenou:

— Você sabe fazer mesa e cadeira?

— Sim, senhora. Quando morava na capital, trabalhei como marceneiro.

— Ótimo! Quero que faça uma mesa com as cadeiras, um baú, bancos para colocar na pequena sala, e que coloque também uma rede. Ah, não se esqueça de pegar a velha cadeira de balanço e a leve também. Você acha que caberá isso na sala?

Benedito, sorrindo, respondeu:

— Se não der jeito, nós arrumamos.

A patroa orientou:

— Hoje não dará tempo para começar a fazer o que falta, pois precisarei de você para ir à vila. Temos que comprar utensílios domésticos para a casa nova de dona Maroca.

Benedito estava feliz, pois não gostava de receber sem ter bastante trabalho a ser feito. Assim que Bernadete ordenou, ele saiu, já que não havia mais nada para transportar. Dona Maroca havia ficado na casa e mal podia acreditar que aquela noite iria dormir em um lugar onde teria paz.

Assim que os rapazes saíram com a carroça, a pobre mulher juntou as mãos e fez sentida prece agradecendo a Deus. Pela primeira vez em sua vida, sentiu-se realmente feliz. A casa era simples, porém o local era bonito, pois do lado direito começava o rio, onde não raro viam-se pessoas pescarem aos domingos. Nos fundos, havia muito mato, mas isso não seria problema, pois ela tinha certeza de que Bernadete mandaria alguém limpar. Em frente, havia uma pequena cerca dividindo a trilha por onde as pessoas passavam para irem ao rio.

As paredes da casa estavam branquinhas, e as janelas e portas tinham sido pintadas de azul. Emocionada, a viúva planejou fazer um pequeno jardim no quintal que circundava a residência.

Depois de algum tempo, os homens voltaram à casa de dona Maroca, e Benedito, sorrindo, falou:

— Não se preocupe com a mesa e o baú. Dona Bernadete mandou que eu faça o que falta para a senhora. Agora só trouxe a cadeira de balanço.

A mulher o olhou cheia de gratidão.

— Não preciso de muita coisa, meu filho! Para mim, a casa já está pronta.

Benedito, que gostara profundamente daquela senhora simples, falou:

— Não vou fazer somente porque a dona Bernadete mandou. Saiba que estou fazendo tudo de coração.

— Que Deus o abençoe muito, meu filho! — a viúva disse com os olhos brilhando de emoção.

Benedito sentiu um impacto em seu coração, pois a única mulher que o havia abençoado fora sua mãe, há muitos anos.

— Dona Maroca, a patroa mandou levar a senhora para almoçar — ele disse.

A mulher fechou a casa, embarcou na carroça e seguiram para a casa-grande, alegres e animados. A mais feliz era dona Maroca, para quem a vida oferecia um recomeço.

CAPÍTULO 15

Desafiando os patrões

Joaquim observava de longe toda aquela movimentação e não via nada daquilo com bons olhos. Montado em seu cavalo, disse para si mesmo:

– Como o doutor Silvério é frouxo! Onde já se viu deixar a mulher mandar e desmandar desse jeito? Tenho certeza de que ela não o consultou para nada. Esta fazenda um dia será minha, e eu não terei compaixão em colocar todos para fora destas terras. A primeira coisa que farei será botar esse tal de Benedito na rua, junto com aqueles moleques vagabundos.

O administrador resolveu ir até o cafezal para ver como estava a colheita. Pensou em Jonas, porém não sentiu o ódio que havia sentido na tarde anterior. Chegando ao cafezal, a primeira pessoa a ver foi justamente o peão, mas não disse nada e se embrenhou em meio aos arbustos.

Jonas, ao ver Joaquim, sentiu profundo ódio por aquele homem e passou a olhá-lo de soslaio, enquanto ele gritava com um ou outro trabalhador. Jonas pensou: "Se a justiça não pegar esse homem, ele acertará as contas com o diabo no inferno". Nesse momento, a figura de Zaqueu se formou em sua frente e falou:

— Meu filho, ninguém tem o direito de tirar a vida de ninguém. Quem o faz terá de prestar contas pelos seus atos. Não seja o algoz deste pobre homem. Controle seu ódio e confie em Deus.

Nesse momento, Orfeu, que estava logo atrás de Jonas, espalmou as mãos, emanando-lhe boas vibrações. O peão não ouviu nem registrou aquelas palavras, porém foi tomado de indescritível paz e deixou de se importar com a presença de Joaquim, que continuou a observar o trabalho por mais algum tempo. Depois montou em seu cavalo e foi embora para saber onde Benedito, Ageu e Ozório estavam.

A carroça estava sob a copa do velho ipê-roxo, que, embora não estivesse florido, mantinha boa sombra. Joaquim entrou na cozinha com seu modo arrogante e encontrou somente Zulmira mexendo em uma das panelas no fogão.

— Onde estão Benedito, Ozório e Ageu? — ele perguntou.

Zulmira, como estava ressentida com o administrador desde a última conversa que haviam tido, respondeu secamente:

— Não conte com eles hoje, pois estão cumprindo ordens da sinhá.

— Mas quem manda neste terreiro é o galo ou a galinha? — Joaquim perguntou irritado.

Com os olhos faiscando de raiva, Zulmira respondeu:

— Neste terreiro, quem manda é o galo e a galinha. Ademais, acho bom que tenha mais respeito pela sinhá.

— Desde quando mulher merece respeito? — ele indagou com zombaria.

Nesse momento, Bernadete entrou na cozinha e, ouvindo parte da conversa, disse com altivez:

— O que o senhor está falando, senhor Joaquim?

O homem levou um susto e respondeu constrangido:

— Nada não, senhora...

Zulmira o provocou:

— Não acha que está na hora de cantar feito galo? Fica aí piando feito pintinho faminto.

Joaquim sentiu o sangue ferver e falou com raiva:

— Quero conversar com o galo deste terreiro. É possível?

Bernadete sentiu-se terrivelmente ofendida e, sem pensar, gritou:

— Saia da minha casa! Doravante não quero vê-lo mais em minha cozinha. E tem mais: todos os dias Zulmira fará um prato e você comerá no quintal, com os cães! Quanto a falar com meu marido, só falará quando ele estiver lá fora, porque não o quero dentro de minha casa. Fora, pois aqui a galinha também manda!

Zulmira, que nunca havia visto Bernadete tão brava, permaneceu calada. Estava bastante surpresa com a reação da patroa. Joaquim saiu da casa-grande com ódio e, olhando para trás, disse:

— Não sou homem de comer ao relento feito cachorro. Doravante irei almoçar em minha casa.

Bernadete sentiu-se ainda mais ofendida e, chorando, foi até o escritório do marido contar o que havia acontecido. Depois de ouvi-la, Silvério falou:

— Isso não vai ficar assim! Esse homem já está passando dos limites.

O fazendeiro pegou seu chapéu e saiu à procura de Joaquim. Depois de meia hora encontrou-o conversando com Salim, na venda, e foi logo gritando:

— Acaso lhe pago para ficar conversando na venda a uma hora dessas?

Joaquim procurou manter a calma e respondeu:

— Tudo está em ordem na fazenda, doutor.

— Mas não é esse o fato de eu estar aqui. Você é um homem petulante, que não sabe se colocar em seu lugar! Desde quando entra em minha casa e desrespeita minha esposa dessa maneira?

Salim já sabia do ocorrido e, em seu íntimo, gostou da atitude do patrão; afinal, Joaquim havia mesmo passado dos limites. Silvério, bastante nervoso, gritou:

— De hoje em diante, não quero mais vê-lo em minha casa, pois, se essas foram as ordens de minha esposa, assim será.

Joaquim perguntou com arrogância:

— Quem manda nessas terras? O galo ou a galinha?

O fazendeiro perdeu a paciência e fechou a mão para dar um soco no empregado, porém Orfeu se aproximou e transmitiu-lhe calma, o que fez Silvério recuar.

O administrador desafiou-o com um sorriso irônico:

— O senhor vai me bater?

— Não costumo bater em cachorro morto — Silvério respondeu com raiva. — Portanto, de hoje em diante, não quero vê-lo andando por aí. Quem cuidará de todos os assuntos da fazenda serei eu. Quanto a você, vai colher café junto aos outros colonos.

— Prefiro ser demitido a passar por uma humilhação dessas — o administrador respondeu.

Silvério, lançando um sorriso sarcástico, falou com voz mais tranquila:

— Se quiser ir embora, vá. Mas saiba que não ganhará um tostão pelos trabalhos prestados. A escolha é sua.

Joaquim gritou:

— Eu não vou trabalhar na colheita!

— Se não for, eu ordeno que saia das minhas terras, mas lembre-se: sairá daqui com uma mão na frente e outra atrás.

Salim resolveu se intrometer na conversa:

— Joaquim, mantenha a calma... Todo mundo precisa trabalhar.

O empregado pensou por alguns instantes e perguntou:

— E quanto ao meu ordenado? Continuará a me pagar o que ganho?

— Não. Você ganhará os mesmos mil réis que os outros colonos recebem.

O administrador empalideceu. Afinal, ele tirava mil réis dos empregados todos os meses, porém não sabia que o coronel tinha conhecimento do fato. Salim, que sabia das falcatruas dele, sugeriu:

— Joaquim, peça desculpas para o doutor.

O empregado, baixando o olhar, porém tremendo de ódio, falou em voz baixa:

— Perdoe-me, doutor! Ando muito nervoso ultimamente...

Silvério, já bem mais calmo, respondeu:

— Está perdoado! Mas não volto atrás em minhas decisões. Você não será mais o administrador da fazenda e, se quiser continuar aqui, trabalhará como um colono qualquer. Ganhará mil réis, assim como tem pagado aos empregados há tempos, e não entrará mais em minha casa.

Joaquim pensou por alguns instantes e disse:

— Se o senhor quiser, posso pedir perdão a dona Bernadete. Fui rude com ela, mas, por favor, deixe-me ocupar minha posição.

Silvério, levando o chapéu à cabeça, respondeu:

— À tarde lhe dou uma resposta, mas agora quero que vá ao cafezal e ajude na colheita.

Os lábios de Joaquim tremiam de ódio. Afinal, ele nunca se humilhara para ninguém. Assim que Silvério montou em seu cavalo e foi embora, ele disse:

— Hoje ele me humilhou, mas não sabe o vespeiro em que está mexendo.

Salim, irritado, ralhou:

— Onde já se viu desrespeitar a senhora Bernadete dentro da casa dela! Ficou louco?

— Nunca sairei daqui — o administrador assegurou. — Estas terras serão minhas, e eu vou humilhá-los tanto que eles irão embora com o rabo entre as pernas, feito cães sarnentos.

— Deixe de bobagem — o comerciante falou. — Você não conseguirá nada com esse ódio todo.

Joaquim, sem se importar com as palavras do outro, resolveu ir para casa almoçar, decidido a não se humilhar a ponto de comer no quintal. Ao chegar em casa, encontrou sua esposa terminando o almoço e ordenou:

– Helena, prepare um bom prato, pois estou morrendo de fome.

A mulher respondeu:

– Espere um pouco... Estou terminando de fazer. Você nunca vem almoçar em casa...

Nesse momento, seus dois filhos entraram gritando e Joaquim se irritou:

– Sumam daqui! Não suporto barulho de criança dentro de casa. Vão brincar lá fora.

O casal tinha dois filhos: Henrique, de seis anos, e Boanerges, com pouco mais de nove. O caçula disse:

– Estou com fome, mamãe.

– Vão comer banana – o genitor gritou. – Não quero ver nenhum dos dois aqui.

Helena, acostumada com os rompantes de raiva do marido, resolveu se calar, pois sabia que, quando ele estava naquele estado, não adiantava falar nada. Assim, terminou o almoço, colocou a comida no prato para o marido e depois serviu as crianças, que brincavam enquanto comiam. Mais uma vez irritado, Joaquim disse:

– Querem ficar quietos? Hora da comida é hora de fazer silêncio.

Helena nada disse, pois sabia que, se falasse alguma coisa, ele a surraria sem pena. Era uma mulher magra, de aparência sofrida, que desde que se casara com Joaquim perdera não somente a jovialidade, mas também a alegria de viver. Ela não gostava de ver o marido em casa, mas todas as noites era um tormento, pois não raro ele chegava bêbado e a procurava, fedendo a álcool, o que lhe causava imenso mal-estar.

Helena e as crianças passaram a comer em silêncio, enquanto Joaquim, pegando o garrafão de cachaça, entornou um bom trago em uma caneca e tomou tudo de uma só vez. A esposa pensou: "Meu Deus, liberta-me desse sofrimento. Não aguento mais apanhar e ver meus filhos apanhando desse carrasco".

Ela sentia verdadeiro asco por aquele homem; porém, quando falava em ir embora com os filhos, ele jurava que mataria os três. Helena sabia o quanto o marido era perigoso, de modo que temia afrontá-lo.

Joaquim comeu um pouco e, quase cambaleando, disse:

– Voltarei àquele inferno! Mas aqueles malditos não perdem por esperar.

Ela percebeu que ele estava com problemas no trabalho, mas ficou calada. Joaquim foi até os fundos da casa, pegou seu facão e levou-o à cintura. Helena, preocupada, pensou: "Joaquim está tencionando fazer alguma besteira".

Por ser uma mulher extremamente religiosa, e vendo as precárias condições do marido, resolveu pegar seu terço e rezar para que ele não cometesse nenhum ato tresloucado. Helena era uma mulher passiva e tinha verdadeiro pavor do marido, pois sabia que ele era capaz de qualquer coisa quando se sentia contrariado.

Silvério entrou em casa, chamou a esposa até seu gabinete e disse sorrindo:

– Não se preocupe, querida. Doravante, Joaquim não lhe faltará mais com o respeito.

– Cuidado com esse homem – ela preveniu. – Ele é perigoso e não tem respeito nem estima por ninguém.

– O que aquele borra-botas poderá fazer contra mim? – Silvério perguntou irritado.

– Esse homem tem sangue de inocente nas mãos. Portanto, ele poderá fazer qualquer coisa contra você.

– Quando conseguir as provas de que preciso contra esse calhorda, eu mesmo serei o promotor de acusação do seu caso.

Bernadete, ainda preocupada, pediu:

– Não faça nada por agora. Tenha paciência.

– De hoje em diante, ele vai trabalhar na colheita de café, junto com os outros colonos – o fazendeiro falou com ar de triunfo.

– De maneira alguma – a mulher contestou. – O melhor que tem a fazer é chamá-lo para uma conversa e dizer que estava nervoso; que tudo continuará como está. A única coisa de que não abro mão é que ele não entre mais em nossa casa.

– Não posso me humilhar dessa maneira, mulher! Isso seria um contrassenso...

– Ainda assim, penso que é melhor voltar atrás enquanto é tempo – ela obtemperou. –Esse homem é vingativo... Quem sabe o que estará planejando?

Silvério pensou por alguns instantes e respondeu:

– Tem razão. Em se tratando de Joaquim, é melhor pisar em ovos. Mande Ozório chamar aquele canalha para vir aqui.

Bernadete se opôs fortemente:

– Dentro de minha casa ele não entra.

– Se eu voltar atrás, é bom que você também o faça – o marido falou. – Aqui dentro ele não nos fará mal. Mas, se eu for conversar com ele nas cercanias da fazenda, pode ser perigoso.

Irritada, a mulher suspirou fundo.

– Precisamos arranjar urgentemente provas contra Joaquim. Não podemos nos tornar reféns de um empregado.

Silvério estava nervoso, porém controlou-se diante da esposa e voltou a dizer:

– Por favor, peça que alguém chame Joaquim.

Bernadete saiu apressada e, encontrando Ageu, ordenou:

– Ageu, procure por Joaquim e diga que o patrão quer lhe falar.

O rapazinho montou em um burrico e saiu à procura do administrador. Depois de quase uma hora, encontrou-o conversando com um colono na plantação de café. Deu-lhe o recado e foi embora. Joaquim pensou: "O que aquele desgraçado quer desta vez? Se ele voltar a me humilhar, não pensarei duas vezes em enterrar meu facão em sua barriga". Minutos depois, ele entrou na cozinha e disse com frieza que o patrão o mandara chamar:

— Pedirei para Maria avisar que você está aqui — Zulmira falou com rispidez.

Joaquim, em tom sarcástico, provocou:

— Por que está sendo tão fria comigo, Zulmira? Sempre nos demos bem...

A cozinheira, com o olhar faiscando de raiva, respondeu:

— Sempre o tive como um bom homem, trabalhador e honesto, mas hoje percebo que estava enganada.

— Continuo sendo o que sempre fui — ele disse gargalhando.

— É verdade. Eu que não via quem você realmente é. Mas a vida é justa e sempre nos dá tempo de enxergar a verdade.

Joaquim, perdendo a paciência, gritou:

— Zulmira, ainda lhe tenho respeito, e, se quiser continuar a trabalhar nesta fazenda, volte a me respeitar também.

— O quê? Pretende me dispensar? — ela perguntou indignada.

— Se não for obediente, terei que fazê-lo, embora não goste da ideia.

A velha senhora, perdendo a paciência de vez, perguntou:

— Você enlouqueceu? Como pode pensar em me dispensar, se o dono da fazenda é o doutor Silvério?

Ele a fuzilou com um olhar de raiva.

— Esta fazenda um dia será minha! Acredite no que digo.

A mulher sentiu um calafrio percorrer seu corpo, de modo que decidiu pôr fim à conversa.

Maria José, que estava na horta, entrou com um cesto com alface, quiabo e rúcula. Ao ver Joaquim, ficou paralisada, e Zulmira falou:

— Maria, deixe essas coisas sobre a mesa e avise ao patrão que Joaquim está aqui.

A esposa de Jonas, sem olhar para o administrador, obedeceu prontamente. Ao ser informado, Silvério ordenou com irritação:

– Mande que ele venha até aqui.

Maria voltou à cozinha, dizendo:

– O doutor disse para entrar.

Joaquim, com ar vitorioso, entrou no gabinete perguntando ironicamente:

– O doutor mandou me chamar?

– Sim! Entre e feche a porta.

Silvério, sentindo verdadeiro asco por aquele homem, ordenou:

– Sente-se!

Joaquim sentou-se de modo displicente e aguardou para ouvir o que o patrão tinha a dizer.

– Não vou lhe pedir desculpas pelo que disse na venda. Porém, reconheço que fui duro com você. Pensei melhor e acho que deve continuar a cumprir suas funções.

Joaquim abriu um largo sorriso.

– O senhor bem sabe que posso ser um homem difícil, mas cuido desta fazenda como se fosse minha.

Silvério ignorou as palavras dele.

– Você continuará como meu administrador, porém de hoje em diante eu mesmo farei o pagamento do pessoal.

– Mas por quê? O senhor está duvidando de minha pessoa, doutor?

– Não. Apenas acho que tenho sido relapso nos últimos anos, sobrecarregando-o com excesso de trabalho.

O empregado sentiu raiva, mas se controlou.

– Para mim é um prazer fazer o que faço...

– Quero que cuide dos colonos e de outros assuntos. Quanto à parte financeira, ficará por minha conta.

Joaquim, contendo a raiva, perguntou:

– É só isso, doutor?

– Por enquanto é só. Cuide da colheita e da secagem dos grãos. Todas as tardes irei pessoalmente contar as sacas. Agora pode ir – Silvério finalizou sem olhar para ele.

Joaquim levantou-se visivelmente irritado, e o patrão ajuntou:

– Quanto às suas refeições, você terá duas horas para almoçar em sua casa, pois não quero me indispor com minha esposa.

– Levo quase meia hora a cavalo para chegar em casa – o administrador informou. – De modo que duas horas de almoço é pouco tempo.

– Simples! Pode tirar três horas de almoço – Silvério falou após breve pausa. Para ele, era até melhor ver aquele homem longe de suas terras por mais tempo.

– E quanto ao meu ordenado? – Joaquim perguntou. – O senhor pretende mesmo diminuí-lo?

– Não! Você continuará ganhando o mesmo valor.

O empregado pensou: "Esse homem está aprontando alguma... Preciso tomar cuidado".

– Por favor, só entre nesta casa quando for solicitado. Não quero mais discussão entre você e minha esposa – Silvério advertiu.

Joaquim, com seu modo petulante, respondeu:

– É só ela não mexer comigo que eu não mexerei com ela.

O fazendeiro ficou enrubescido de raiva, porém se controlou. Assim que Joaquim saiu, ele pensou: "Bernadete tem razão. Amigos perto e inimigos mais perto ainda, pois assim estamos vendo o que eles estão fazendo".

Joaquim saiu da casa chutando pedras. Inconformado, falou em voz alta:

– Doutor Silvério verá que está mexendo com um homem, e não com um moleque.

Dirigiu-se à venda de Salim, pois queria desabafar com o comerciante. Como o estabelecimento estava vazio, contou tudo o que ele e Silvério haviam conversado.

Depois de ouvi-lo em silêncio, Salim comentou:

– Graças a Alá, você não perdeu seu emprego.

– Que Alá coisa nenhuma! – o administrador retrucou. – O doutor Silvério já percebeu que não sou homem de aguentar desaforos!

O outro aconselhou:

– Coloque juízo nessa cabeça e pare de arranjar encrenca com os patrões. Salim sabe o quanto tem aprontado nesta fazenda nos últimos anos.

Joaquim se irritou ao ouvir aquilo.

– O seu problema é falar demais.

Salim insistiu:

– Quem avisa amigo é...

O administrador deu de ombros, pediu uma dose de cachaça e mandou pendurar na conta. Depois montou em seu cavalo e seguiu rumo ao cafezal para ver como estava indo o trabalho.

Silvério decidiu conversar mais uma vez com o coronel Bernardi. Ao chegar à fazenda do amigo, não se fez de rogado e pela primeira vez contou exatamente tudo o que estava acontecendo. Falou sobre o assassinato de Zaqueu, bem como a morte misteriosa de Juca, e ainda sobre os roubos de grãos, a compra de terras por parte de um homem que não tinha absolutamente nada e, sobretudo, como ele vinha roubando os colonos. Indignado com tudo aquilo, o coronel disse:

– Como pode aguentar tantos desaforos de um homem completamente sem instrução? Logo o amigo, promotor na capital, passando por isso!

– O coronel há de convir que não posso fazer nada sem provas, pois sou um agente da lei e, como tal, quero que Joaquim responda em juízo por todo o mal que causou aos outros.

– Esse homem jamais confessará seus crimes. O melhor a fazer é cercar Galdério, pois eles são cúmplices em todas essas sujeiras.

Silvério perguntou:

– Como posso cercar Galdério? O homem nem trabalha em minha fazenda.

– Tenho um colono muito amigo dele – Bernardi informou. – Todos os sábados eles se reúnem na venda de Malaquias, para beber e jogar conversa fora.

– Mas como esse colono poderá nos ajudar?

O coronel respondeu:

– Espere um pouco e verá o que farei.

Bernardi mandou chamar Desidério, seu colono. Não demorou e logo um homem magro, de aspecto quase cadavérico, entrou no gabinete perguntando:

– Mandou me chamar, coronel?

– Sim! – Bernardi respondeu com calma.

O homem, de chapéu no peito, calou-se a fim de que o patrão lhe falasse o motivo pelo qual fora chamado. O coronel foi logo indagando:

– Qual é o seu ordenado em minha fazenda?

– Ganho pouco mais de dois mil réis, coronel – o homem respondeu, sem compreender a razão da pergunta.

O coronel, sorrindo, voltou a perguntar:

– E qual é seu maior sonho?

Desidério pensou por alguns instantes e respondeu:

– Meu sonho sempre foi ter meu pedacinho de terra para plantar, colher, criar animais... – e, sem compreender aonde o patrão queria chegar, calou-se em seguida.

Silvério ouvia tudo calado, pois ele também não compreendia aonde o coronel queria chegar.

– Você tem amizade com Galdério, não é verdade? – Bernardi perguntou à queima-roupa.

O colono foi enfático ao dizer:

– Não sou amigo de Galdério. Nós conversamos todos os sábados na venda de Malaquias, jogamos cartas, mas é só isso.

O coronel perguntou:

– O que acha desse homem?

Desidério pensou um pouco antes de responder:

– Sinceramente, coronel, não acho que seja coisa que preste.

Bernardi sorriu e indagou:

— Seu sonho é ter um pedaço de terra, não é mesmo?

— Sim!

— Pois, se me for fiel, terá seu pedaço de terra.

— Mas eu sou fiel ao senhor, coronel — o homem respondeu com firmeza.

— Então prove. Quero que, a partir de hoje, você estreite a amizade com Galdério e procure descobrir o máximo possível sobre ele, principalmente suas sujeiras junto a Joaquim, administrador do doutor Silvério.

— Isso é fácil — Desidério respondeu. — Galdério bebe muito, gosta de arranjar confusão e, quando está bêbado, fala demais.

O coronel ajuntou:

— Tudo o que descobrir, terá que vir me contar, mas ninguém deve saber do nosso trato. Assim que fizer o serviço, eu lhe darei dois alqueires de terra, com papel passado.

O rosto de Desidério se iluminou, e o coronel, aproveitando, ajuntou:

— O doutor Silvério é testemunha da promessa que estou lhe fazendo.

O empregado perguntou:

— Coronel, eu só vou à venda aos sábados, porém Galdério está lá todas as noites.

O coronel tirou do bolso um maço de cédulas e deu a Desidério.

— Pague para Galdério quantas cachaças quiser. Quando ele não estiver mais se mantendo nas pernas, coloque-o em seu cavalo e o leve embora. Quero que faça isso todas as noites, até a amizade de vocês se estabelecer com firmeza.

Desidério mal podia acreditar no que ouvia. Embora sempre estivesse às voltas com Galdério, particularmente não gostava daquele homem e muito menos de Joaquim. Assim, perguntou:

— O que o senhor quer que eu descubra, coronel?

— Quero que descubra tudo o que puder a respeito desse homem e de seu melhor amigo, Joaquim. E quero que o faça o mais rapidamente possível, pois preciso de provas para incriminar os dois no caso dos assassinatos de Zaqueu e Juca.

Desidério se lembrou de um fato e comentou:

– Coronel, há uns dois meses, Galdério estava bêbado quando disse que difícil era matar o primeiro; que o restante era fácil.

– E por que ele disse isso? – Bernardi perguntou, franzindo o cenho.

– Malaquias, conversando com os homens, disse que a pessoa precisava ter muito sangue-frio para matar alguém, e Galdério, como já estava bêbado, comentou isso e entornou outra dose de cachaça.

Silvério não teve mais dúvidas de que Galdério e Joaquim estavam juntos em todas as tramoias que envolviam mortes naquelas redondezas. Bernardi voltou a perguntar:

– Quem morreu primeiro, Zaqueu ou Juca?

Silvério, puxando pela memória, respondeu:

– Se não me engano, foi Juca.

– Faz sentido – Bernardi observou.

Silvério não compreendeu aonde ele queria chegar e perguntou:

– Desculpe minha indelicadeza, coronel, mas o que isso tem a ver com o caso?

– Tudo! – Bernardi disse sorrindo. – Vamos imaginar que Galdério quisesse se livrar do genro e para isso precisasse de ajuda. A quem ele recorreu?

Silvério pensou por alguns instantes e respondeu:

– Ao seu melhor amigo, Joaquim.

O coronel continuou dando vazão aos seus pensamentos:

– E, com isso, Galdério ficou devendo favores a Joaquim, de modo que, quando Joaquim quis se livrar de um problema, a quem recorreu?

– A Galdério.

– Isso mesmo. Tudo me leva a crer que essas mortes nada mais foram do que troca de favores, e que os dois mataram tanto Zaqueu quanto Juca, pois ambos eram seus problemas primordiais.

Silvério indagou:

— Mas como provaremos essas suposições?

— Tudo vai depender de como Desidério vai conseguir as provas.

Apesar de ser um homem aparentemente ingênuo, os olhos argutos do colono mostravam que ele já tinha algo em mente:

— Coronel, a única maneira é deixar Galdério bêbado. Fingirei estar bêbado também e, dessa forma, arrancarei uma confissão.

Silvério voltou a dizer:

— Mas as palavras de Desidério não bastarão para a justiça, pois ficará o dito pelo não dito. Precisamos de provas cabais.

Bernardi, aproveitando-se do sonho que Desidério tinha, provocou-o:

— Se conseguir me trazer provas concretas, eu lhe darei mais um alqueire de terra. Assim você não precisará mais trabalhar de empregado.

O colono aceitou a proposta de imediato.

— Combinado, patrão! Trago tanto a confissão quanto as provas de que precisam.

Silvério sentiu-se constrangido diante de tudo aquilo, porém percebeu que não havia outra coisa a fazer.

— Coronel, encontrar-me à noite com Galdério será pouco — o colono falou. — Se o senhor permitir, prefiro tirar alguns dias de folga e procurá-lo com mais frequência para uma conversa.

— Faça o que tiver de ser feito — Bernardi falou, dando-lhe carta-branca para agir.

Desidério agradeceu e saiu com as cédulas no bolso. Rapidamente pegou seu cavalo e foi até o sítio de Galdério. Eram os primeiros passos para colocar em prática os planos que tinha em mente.

CAPÍTULO 16

Mais uma vítima

Galdério estava cortando lenha quando viu Desidério se aproximar em seu cavalo e, curioso, perguntou:

— O que faz aqui, homem?

— Tomei umas cachaças e vim tirar um dedo de prosa com o amigo — o outro respondeu, fingindo estar bêbado.

Galdério o olhou desconfiado.

— Que estranho! Por que não está trabalhando?

— Briguei com Tobias, o administrador do coronel, e saí por minha conta. Homem nenhum me põe cabresto.

— Mas você nunca foi de arranjar encrenca — Galdério observou. — O que está acontecendo?

— Estou cansado de trabalhar e não ter nada nesta vida — Desidério disse com fingida raiva. — Além do mais, tenho brios e não posso mais aguentar mansamente as ofensas de Tobias.

Galdério começou a rir e falou:

– Tome um banho no rio e esfrie a cabeça...

– Banho? Eu quero é matar o Tobias – disse o empregado do coronel.

Galdério, dando pouca importância à gravidade do que ouvira, disse apenas:

– Matar é fácil, difícil é se livrar do corpo...

Percebendo que o sujeito estava caindo em sua conversa, Desidério falou:

– Esconder o corpo é fácil. Basta fazer uma cova rasa e jogar o infeliz para as formigas.

Galdério, que nunca vira Desidério tão alterado, voltou a perguntar:

– Mas o que o Tobias lhe fez de tão grave, homem?

– Aquele crápula me acusou de ser responsável pela perda de algumas sacas de café. Como você sabe, choveu, e algumas delas molharam. Porém, eu já havia arrumado o telhado do celeiro. Mas mesmo assim ele me chamou de vagabundo e mentiroso. Não aguentei tamanha falta de respeito e dei-lhe um soco. Nesse momento, ele pegou o chicote e me acertou três lambadas. Estou com ódio daquele maldito! Quero vê-lo morto!

– Querer se vingar é um direito seu, mas saiba que, depois que fizer a bobagem, não tem mais como voltar atrás – o outro falou encarando-o.

Desidério lançou o olhar para o ponto mais alto de uma árvore, como se refletisse sobre aquelas palavras. De repente, olhou para Galdério e convidou:

– Vamos à venda do Malaquias?

O outro fez um aceno negativo com a cabeça.

– Isso não é hora para beber, homem!

– E para beber tem hora? Veja, tenho muito dinheiro...

Galdério, ao ver as cédulas de réis nas mãos de Desidério, perguntou:

– Onde conseguiu tudo isso?

– Sempre soube que a sinhá guarda dinheiro na caixa de costura. Como estava com muita raiva, entrei sorrateiramente no quarto e peguei uma parte para gastar em cachaça. Com isso, pensei no amigo.

Os olhos de Galdério se arregalaram.

– Com esse dinheiro dá pra comprar um barril de cachaça.

– Isso mesmo – Desidério falou rindo. – Então vamos beber! A vida não é só trabalhar. E não se preocupe com a despesa. Hoje, todas as cachaças serão por minha conta.

Galdério parou o que estava fazendo, colocou a sela em seu cavalo e, juntos, partiram para o vilarejo. Enquanto seguiam, Desidério comentou:

– Amigo, uma coisa eu lhe juro! De hoje em diante, todas as cachaças que você beber, eu pago. Descobri onde conseguir dinheiro, e ninguém vai desconfiar de que eu sei onde ele está.

– Oba! – Galdério gritou. – Toda a cachaça da venda será pouca para nós.

Os dois cavalgaram e em pouco mais de meia hora chegaram à venda de Malaquias, que naquele momento estava vazia. Ao vê-los, o comerciante disse sorrindo:

– Chegaram cedo!

– E com sede – falou o empregado do coronel. – Queremos que coloque uma garrafa no balcão.

Galdério bebeu a primeira, a segunda e muitas outras doses. Quando já estava bêbado, começou a falar com voz pastosa:

– Desidério é meu amigo...

O outro apenas fingia beber. Enquanto Malaquias e Galdério conversavam, ele jogava sorrateiramente a bebida fora e continuava fingindo estar bêbado. Assim, Desidério voltou a falar sobre a falsa briga que tivera com Tobias, envolvendo agora o comerciante na conversa. Em dado momento, Galdério levou a mão a seu ombro e disse:

– Se o amigo quiser se livrar do Tobias, basta me falar que o ajudo a dar um fim no infeliz.

Malaquias ficou surpreso ao ouvir aquilo.

– Acho melhor vocês pararem de beber – ele disse. – Estou vendo que isso não vai acabar bem.

Desidério, fingindo tropeçar nas palavras, falou:

– Não se cale, meu amigo! Não vamos arranjar confusão alguma.

O dono da venda deixou de dar atenção à fala do bêbado, que passou a balbuciar algumas palavras desconexas. Ao ver que ele havia passado dos limites, Desidério se levantou e disse:

– Vamos embora! Vou levá-lo até sua casa.

Galdério estava tão bêbado que mal conseguia montar em seu cavalo, e Malaquias, olhando aquela cena cômica, ria sem parar. Desidério acabou desistindo de cavalgar e falou:

– Amigo, é melhor ir puxando os cavalos. Só um banho no rio para acalmar a bebedeira.

Os dois foram caminhando devagar. Vez por outra, Galdério caía, e Desidério o ajudava a levantar-se. A certa altura, Desidério perguntou:

– Galdério, você já matou alguém?

O outro, sem travas na língua, respondeu:

– Já mandei alguns para o inferno e, se quiser, posso mandar o Tobias também.

Desidério sentiu um calafrio percorrer-lhe a espinha, de modo que disse:

– Eu quero! Vamos mandar aquele miserável para o inferno.

– Vou lhe contar um segredo – o bêbado disse, aproximando-se. – Posso confiar em você?

– Claro – Desidério respondeu encarando-o. – Afinal, somos amigos.

Galdério caiu em uma pequena vala que as últimas chuvas haviam aberto. O empregado do coronel o ajudou a sair de lá, e ele então passou a dizer:

– Quando morava em Minas, eu matei a minha primeira esposa, pois desconfiei de que ela houvesse me traído.

– Mas ela o traiu mesmo?

– Depois de dois anos, descobri que não – Galdério falou rindo. – Mas aí não tinha como voltar atrás.

Desidério ficou indignado, mas fingiu indiferença. Com voz mole, para parecer que estava bêbado, incentivou o outro a prosseguir:

– E quem mais você mandou para o inferno, meu amigo?

Sem conseguir caminhar, Galdério sentou-se à sombra de uma árvore e continuou seu relato:

– Bem... Mudei-me para a capital e fui morar em uma pensão onde havia um homem chamado Cornélio. Arrumei uma namorada chamada Josélia, e o sujeito começou a se engraçar com ela. Quando descobri, esperei-o numa esquina e passei fogo sem piedade. Ninguém descobriu quem havia feito o serviço. Uma semana depois que o infeliz foi para a cidade dos pés juntos, a dona da pensão me contou que Josélia estivera se encontrando com ele. Então passei fogo nela também e fugi para estas bandas.

A cada palavra de Galdério, Desidério se arrepiava, porém o encorajava a falar ainda mais.

– Nestas bandas, conheci Merenciana – ele prosseguiu. – Casei-me com ela e tivemos dois filhos. O menino morreu ainda anjinho, e minha filha sempre foi o meu tesouro. Quando ela estava com dezesseis anos, começou a se engraçar com Juca, aquele moleque vagabundo da fazenda do doutor Silvério. Ele se achava um homem, mas o que ganhava mal dava para levar feijão à mesa. Foi então que conheci Sebastião, homem bom e trabalhador, porém minha filha estava casada com aquele borra-botas do Juca. Foi quando resolvi dar um fim no moleque, pois minha filha e meu neto não mereciam viver naquela miséria toda.

Essa era a parte que interessava a Desidério, de modo que perguntou:

– O que você fez?

Galdério, sentindo náusea alcoólica, respirou fundo e falou:

– Combinei com Joaquim, meu grande amigo, para me esperar na mata do Barreirão e, fingindo amizade com meu genro, o chamei para caçar passarinho. Joaquim já havia feito a forca e, quando chegamos ao local marcado, nós o forçamos a colocar a corda no pescoço. – Galdério começou a rir e continuou a narrativa: – A corda era comprida e quase dava para o Juca colocar o pé no chão. Foi nesse momento que Joaquim, com a espingarda, começou a bater nas pernas dele.

Desidério sentiu uma terrível aversão por aquele homem, porém continuou a fingir que era seu amigo.

– O moleque parecia ter sete vidas – ele prosseguiu. – Não morria de jeito nenhum. Foi então que, cansado de ver o sofrimento dele, eu me pendurei em suas pernas, e ele finalmente morreu. Para matar, a gente tem que ser esperto. Não pode deixar pista. Todo mundo pensou que o rapaz dera cabo à própria vida.

Desidério teve vontade de esbofetear Galdério, porém sabia que suas terras dependiam da confissão e das provas que arranjaria contra ele e Joaquim. Assim, incentivou-o a continuar falando. E, cada vez mais empolgado, o assassino contou:

– Sou um homem valente, mas valente mesmo é o Joaquim. Ele não tem pena de nada nem de ninguém. Matar uma pessoa e uma galinha, para ele, é a mesma coisa. Joaquim descobriu que um negro na fazenda do doutor Silvério, de nome Zaqueu, estava bisbilhotando seus negócios e prometeu contar ao patrão o que havia descoberto. Aí foi a vez de o amigo me pedir ajuda. Sabíamos que a única maneira de calar Zaqueu era dando fim à sua vida. Foi então que, certa noite, Joaquim me procurou para ajudá-lo; afinal, nunca se deve negar um favor a um amigo.

Desidério perguntou:

– E o que vocês fizeram?

– Joaquim mandou Zaqueu buscar lenha, e eu já o esperava no local combinado. Assim que ele começou a pegar os gravetos, Joaquim e eu passamos a bater nele com um cabo de machado. Batemos tanto, que logo o infeliz desmaiou. Ele sangrava pelos ouvidos, pelo nariz e pela boca. Depois de quarenta minutos, percebemos que o infeliz estava morto.

Nós o deixamos lá e fomos embora. Na época, o doutor Silvério até tentou procurar o culpado, mas, como ninguém nos viu, não existiam provas contra nós.

— E depois de Zaqueu, quem mais vocês mataram?

Galdério, sorrindo, respondeu:

— Ninguém! Agora só falta o Tobias.

— Muito bem, você me contou todas essas façanhas... Mas como posso acreditar, se não há provas?

Galdério riu e respondeu:

— Matar é um prazer indescritível! Quando vemos a pessoa se humilhando para não morrer, nos sentimos poderosos, e, se a pessoa faz expressão de medo, isso me faz sentir-me ainda mais poderoso. Quando me lembro das expressões horrorizadas das minhas vítimas, sinto verdadeiro êxtase. Então eu tenho mania de pegar uma peça de roupa da pessoa para guardar como lembrança.

Desidério perguntou:

— O que você tem guardado?

— De minha primeira mulher, tenho um lenço de prender os cabelos, que ela usava na ocasião de sua morte. Do Cornélio, tenho o par de sapatos, ainda manchados de sangue; de Zaqueu, tenho a manga da camisa; do Juca, tenho um pedaço das calças; e de Josélia, tenho uma mecha de cabelos. Juca foi o único que não sangrou, mas não importa.

— Como consegue dormir com todos esses crimes nas costas?

— Homem de verdade não se arrepende do que faz, e eu não me arrependo de nada, apenas deito e durmo. Fiz tantas coisas por aquela filha ingrata, mas, assim que o Juca morreu e ela se casou com Sebastião, nunca mais veio me ver e ainda me proibiu de ver meu neto. Tenho quase certeza de que ela desconfiou de que eu fosse o causador da morte de Juca.

Desidério deu o caso por encerrado e, forçando Galdério a caminhar, chegaram ao pequeno sítio do assassino em pouco mais de uma hora. De lá ele saiu a galope, indo direto à fazenda do coronel. Ao chegar, contou tudo o que havia descoberto, sem deixar faltar nenhum detalhe.

Bernardi mandou que ele fosse até a fazenda de Silvério e o chamasse para uma reunião em sua casa. Assim que recebeu o recado, Silvério saiu sem prestar atenção ao protocolo de jantar com a esposa. Mais tarde, ao ficar sabendo de todas as sujeiras de Joaquim e Galdério, ele disse:

— Precisamos dessas provas, pois somente assim poderei entrar com um processo contra esses dois bandidos.

— Acho bom irmos devagar — Desidério advertiu. — Primeiro precisamos fazer com que todos saibam da falsa briga entre mim e Tobias. À medida que Galdério for confiando ainda mais em mim, deve me mostrar onde estão as provas.

Bernardi concordou com o empregado e falou:

— Está certo. Faça desse modo e, assim que terminar o caso, eu lhe passarei as escrituras dos três alqueires de terra que prometi.

Silvério estava entusiasmado. Pela primeira vez entrevia a chance de colocar Joaquim atrás das grades.

Bernadete estava irritada, pois o marido não cumprira a promessa de jantar todas as noites em sua companhia. Maria José aproximou-se da patroa e perguntou:

— Posso servir a sobremesa?

— Não, obrigada! — ela respondeu. — Pode tirar a mesa. Meu marido foi à fazenda do coronel Bernardi e, sinceramente, não sei se voltará para o jantar.

Maria José se pôs a fazer seu trabalho, quando a boa senhora indagou:

— Dona Maroca jantou?

– Sim, senhora. Ela está ajudando Zulmira a lavar algumas panelas.

Bernadete, sorrindo, falou:

– Por favor, diga a Benedito para acompanhá-la até sua casa.

Maria José anuiu com a cabeça e saiu. Ao chegar à cozinha, transmitiu o recado da patroa. Benedito, que terminava de jantar, disse:

– Poderemos ir à hora que a senhora quiser.

Maroca estava feliz, pois seria a primeira noite que iria dormir em paz em sua casa, sem se lembrar da figura aborrecida de dona Cecília. Benedito ajuntou:

– Amanhã pela manhã poderemos ir à cidade comprar os tecidos, alguns utensílios de cozinha e chinelos novos para a senhora.

– Deus é justo e bom – a viúva disse –, pois Ele nunca deixa faltar nada a seus filhos.

– Minha mãe sempre dizia que nesta vida tudo tem começo, meio e fim – falou Zulmira. – Momentos bons passam, e os ruins passam mais rápido ainda.

Dona Maroca, pegando um pedaço de bolo que a cozinheira havia separado para ela, disse a Benedito:

– Vamos, meu filho, você está cansado.

Os dois já saíam quando Maria José comentou:

– Dona Maroca é uma pessoa tão boa... Não merecia ter passado por tudo o que passou nas mãos daquela mulher má.

A viúva escutou o comentário e, voltando-se, falou:

– Maria José, cada um de nós está num processo de aprendizagem diferente. Se eu fiquei com dona Cecília todos estes anos, é porque precisava estar junto dela, principalmente para aprender a exercitar a paciência. Não se revolte, pois tudo está certo como está; para isso, basta sabermos olhar para a vida como ela de fato é, e não como gostaríamos que fosse.

Depois do que disse, ela se despediu e acompanhou Benedito. Zulmira, olhando para aquela figura cansada, comentou:

— Essa mulher é uma santa! Não sei como reagiria se a sinhá me tratasse mal.

Maria José, sorrindo, respondeu:

— É por isso que a tenho como amiga.

Quando Silvério chegou à casa-grande, já passava das dez horas da noite. Bernadete estava sentada em seu quarto, olhando para a janela. Empolgado, o fazendeiro disse ao entrar no cômodo:

— Você não imagina por que o coronel me chamou à fazenda.

Ela apenas resmungou:

— Desde que descobriu as canalhices de Joaquim, você não se importa mais comigo.

— Não diga isso. Estou com problemas e conto com a sua colaboração — ele respondeu. — Logo toda essa história estará resolvida e poderemos enfim voltar à nossa velha rotina. Em breve, estarei encerrando minha carreira na promotoria e não precisarei mais voltar para a capital. Passarei meu escritório ao Fernando e poderemos viver em paz.

O rosto da mulher iluminou-se ao perguntar:

— Pretende se aposentar?

— Sim! Já trabalhei muito, ganhei muitos casos, tornei-me um advogado renomado, mas confesso que já estou cansado.

Silvério aproveitou a oportunidade para contar à esposa tudo o que descobrira sobre Galdério e Joaquim. Assim que terminou de falar, ela perguntou:

— Mas como fará para recolher as provas na casa de Galdério?

— Desidério é muito esperto. Talvez consigamos essas provas antes mesmo do que imaginamos e assim ficaremos livres desses dois bandidos. No Nordeste há um homem chamado Lampião, que vem aterrorizando toda a população campesina; aqui temos estes dois que nos tiram a paz há tempos. Mas esses cangaceiros paulistas estão com os dias contados...

– Não vejo a hora de isso tudo acabar – Bernadete falou. – Estou farta...

Nesse momento, a mulher começou a chorar, e o marido a abraçou para consolá-la. Assim que ela se acalmou, abriu uma gaveta e entregou um envelope a ele. Silvério logo percebeu se tratar de uma missiva do filho, que voltaria para casa em poucos dias.

– Não é uma boa hora para nosso filho voltar – ele disse com um ar de preocupação. – A situação está perigosa e, como sabe, Joaquim é vingativo.

– Você acha que ele faria alguma coisa ao nosso filho? – Bernadete perguntou assustada.

Silvério coçou o bigode e respondeu:

– Ele é o tipo de homem que faz qualquer coisa a quem atravessar seu caminho.

– E agora? O que pretende fazer?

– Pedirei ao nosso filho que fique na capital durante as férias. Na primeira oportunidade, contarei a ele o motivo.

A mulher começou a chorar de novo, pois a presença do único filho enchia seu coração de alegria.

No dia seguinte, Silvério acordou mais cedo que de costume, foi até a mangueira e perguntou a Ageu:

– Joaquim já chegou?

– Sim, senhor. Ele está no celeiro.

O homem virou-se, tomando a direção do paiol. Ao chegar, Joaquim ordenava a dois homens que voltassem duas sacas novamente ao terreiro, pois os grãos não estavam bem secos.

— Bom dia, Joaquim! — o patrão cumprimentou.

O administrador estranhou o fato de ele estar àquela hora no terreiro e, sobretudo, seu bom humor.

— Aconteceu alguma coisa, doutor? — ele perguntou.

Silvério disse:

— Venha! Vamos conversar — e, com a aproximação do empregado, ele falou: — Joaquim, você tem sido fiel durante todos estes anos e não foi justo o que lhe fiz ontem. Estou aqui para dizer que continuará a pagar os colonos, que continuará a cuidar do cafezal, que aumentarei seu ordenado em dois mil réis e que, de hoje em diante, as sacas de café que forem colhidas ficarão em meu celeiro.

— Por que tudo isso, doutor? — o homem perguntou, entre alegre e desconfiado.

Silvério, com fingimento, respondeu:

— Porque você é meu homem de confiança, meu braço direito!

O fazendeiro foi tão convincente em suas palavras, que Joaquim riu, embevecido, sem se dar conta de que tudo aquilo fazia parte de um plano.

— Mas... e quanto às refeições?

Silvério, que não havia pensado no assunto, respondeu:

— Continuará como está. Você fará as refeições em sua casa, com três horas de almoço. Ah, as mulheres... Difícil conviver com elas, mas impossível viver sem elas. Tenha paciência, pois logo você e Bernadete farão as pazes, e tudo voltará a ser como antes.

Joaquim ficou aliviado, pois sentia que voltaria a ter paz em seus planos. Silvério tirou algumas cédulas do bolso e disse:

— Quero que vá à cidade. Compre madeiras para Benedito fazer alguns móveis para dona Maroca.

Joaquim perguntou:

— Por que o senhor deixa dona Bernadete fazer tudo o que quer?

— Joaquim, esqueceu-se de que a verdadeira dona da fazenda é ela? Apenas cuido dos negócios, mas a fazenda ela recebeu como herança.

– Mas o senhor é o homem e senhor destas terras – o outro contestou.

– Sim, isso é verdade, mas não posso privar minha esposa de fazer o que queira nas terras que um dia foram de seu pai.

Joaquim não quis discutir o assunto, de modo que disse:

– Está bem, doutor. Preciso dar uma olhada nos colonos que participarão da colheita.

– Faça isso.

Nesse momento, Jonas se aproximou de Silvério e perguntou:

– O senhor pode conceder um minuto de sua atenção, doutor?

Joaquim, ao ver o peão, inquiriu:

– Por que não está no cafezal?

Jonas, irritado com a pergunta, voltou seu olhar para Silvério e falou:

– Preciso conversar com o patrão.

O fazendeiro, sentindo a nuca se arrepiar, disse:

– Pois fale, homem! O que aconteceu?

Jonas, nervoso, respondeu:

– Doutor, fui procurar Ozório para pedir que levasse a marmita aos meus filhos na hora do almoço, porém ele desapareceu.

– Como assim, desapareceu? – Silvério perguntou sobressaltado.

– Não sei, doutor. Fui até sua casa, mas ele não estava. Procurei por Ageu, e ele disse que Ozório havia saído durante a noite.

Joaquim, sorrindo, intrometeu-se:

– Vocês estão preocupados à toa. Talvez ele tenha arranjado um rabo de saia em alguma fazenda vizinha.

Silvério perguntou:

– Onde está Benedito?

– Eu o encontrei na cozinha conversando com as mulheres, porém ele disse que não havia visto Ozório durante a noite. Neste momento, Benedito já está à procura de Ozório.

Silvério ordenou:

– Faça dois grupos de três homens cada e espalhem-se pela fazenda; precisamos encontrar o garoto.

– Não vejo motivo para tanta preocupação – Joaquim insistiu. – Esse negrinho deve estar às voltas com alguma moça.

Silvério, temendo que aquele assassino pudesse ter feito mais uma vítima, ordenou que Jonas colocasse a sela em seu cavalo, pois iria pessoalmente procurar Ozório. Em menos de uma hora, doze colonos cavalgavam à procura do rapaz. Joaquim fingia preocupação, porém Silvério observava cada expressão de seu administrador.

Benedito chorava, encabeçando o outro grupo que vasculhava a mata do Barreirão. Não demorou e encontraram Ozório caído, completamente desacordado. Benedito correu em direção ao sobrinho e, colando o ouvido ao peito do rapaz, percebeu que estava vivo, porém havia um imenso corte frontal em sua cabeça.

Ozório foi levado à casa-grande, onde Maria José e Maroca se puseram a cuidar dele.

O dia foi de muita tensão, e todos estavam preocupados com o rapaz. Somente Joaquim continuava tranquilo. Silvério, irritado, procurou pelo coronel e contou o que acontecera. Bernardi mandou Desidério ir até o sítio de Galdério para tentar descobrir alguma coisa, mas o empregado falou:

– Coronel, não estou defendendo Galdério, mas ontem o homem estava tão bêbado que não tinha como fazer uma maldade dessas.

Silvério concluiu:

– Desta vez Joaquim agiu sozinho.

Bernardi mandou um de seus empregados ir à cidade vizinha e trazer o velho doutor Toledo, que atendia o povo duas vezes ao mês, sem nada cobrar. Em pouco mais de meio dia, o médico chegou à fazenda e encontrou Ozório ainda desacordado. Depois de examiná-lo, Silvério perguntou:

– O que acha, doutor?

– O rapaz perdeu muito sangue – disse o médico. – Pela cor de sua língua, dá para saber que está anêmico, mas acredito que em algumas horas ele acordará.

Silvério estava intrigado; afinal, por que Ozório saíra de casa no meio da noite? Ele não havia dado nenhuma ordem para tal. Somente no começo da tarde Ozório acordou e, sem saber o que estava acontecendo, disse:

– Estou com sede.

– Melhor não dar água a ele, pois ainda não sabemos a extensão dos ferimentos. Se vomitar, poderá ficar ainda mais fraco – o médico orientou.

Maria José chorava, pois se afeiçoara de coração aos filhos de Zaqueu. Silvério, chamando o doutor de lado, indagou:

– O senhor acha que ele poderá morrer?

– Vamos aguardar por doze horas. Se o rapaz continuar lúcido e não vomitar, posso afirmar que vai sobreviver.

Ozório estava confuso e, vez por outra, falava do cavaleiro de preto. Parecia delirar, mas se mantinha sem febre. O tempo demorou a passar naquela noite em que todos estavam preocupados com o rapaz. Ozório ora dormia, ora acordava falando no cavaleiro de preto.

O dia raiou na imensidão e, incólume, Ozório despertou de sua desorientação mental.

– Como se sente, rapaz? – o médico perguntou assim que o viu desperto.

– Com uma terrível dor de cabeça... – ele sussurrou.

O doutor Toledo liberou água e um copo de leite frio para seu desjejum, e permaneceu na fazenda até a hora do almoço, quando enfim resolveu voltar à cidade. Silvério pagou todas as despesas, dizendo:

– O doutor precisa montar um consultório na cidade, pois não se pode ficar sem um médico.

Toledo sorriu e falou:

– Vou pensar no assunto.

Dois dias já haviam se passado desde que Ozório sofrera aquele atentado, porém ele se recusava a responder a qualquer pergunta. Naquela tarde, Silvério, irritado com o mutismo do rapaz, perguntou de modo incisivo:

— Quem fez isso? Foi o Joaquim?

Ozório começou a chorar e confessou:

— Doutor, eu estou namorando a Lúcia, uma aluna da professora Rita. Nós nos encontramos quase todas as noites, mas o pai dela não sabe desses encontros. Naquela noite, acompanhei Lúcia até sua casa e, na volta, encontrei com Joaquim. Ele perguntou o que eu estava fazendo...

— O que disse a ele?

— Disse que ele era meu patrão durante o dia, mas que, durante a noite, eu não lhe devia satisfação da minha vida. Foi então que ele pegou um pedaço de pau que estava preso aos arreios de seu cavalo e começou a me bater. Apanhei tanto, que cheguei a molhar as calças. Depois não vi mais nada e, quando acordei, já estava sendo tratado aqui na casa-grande.

Silvério fechou os punhos e gritou:

— Canalha! Basta! Estou cansado das torturas desse bandido.

O fazendeiro estava com vontade de pegar Joaquim e lhe dar uma surra daquelas, mas naquele exato momento o coronel Bernardi chegou para fazer uma visita ao rapaz ferido. Silvério contou a ele tudo o que havia acontecido. O coronel o ouviu em silêncio e depois, mantendo a calma, falou:

— Agora é hora de agir pela razão, e não pela emoção. Joaquim deve estar preocupado pelo fato de Ozório ter acordado, e isso pode ser um perigo para o rapaz. Ele pode entrar aqui num momento em que todos estejam ocupados e terminar o serviço.

— Então, o que vamos fazer? — Silvério perguntou irritado.

— O melhor a fazer é Ozório fingir que perdeu a memória. Só assim Joaquim o deixará em paz.

Ouvindo aquilo, o rapaz contestou:

— Mas eu não perdi a memória...

– Nós sabemos – Bernardi explicou. – Porém, você vai fingir que perdeu. É isso que vai salvar sua vida.

O rapaz compreendeu o risco da situação e concordou. O coronel deu-lhe instruções sobre como se comportar. A seguir, os dois homens saíram do pequeno quarto, que ficava junto à cozinha.

– Ozório não está nada bem – comentou Silvério.

– É verdade! Pobre rapaz... – disse o coronel.

Preocupada, Bernadete perguntou:

– O que aconteceu?

– Ele perdeu completamente a memória – Bernardi respondeu.

Bernadete, Maroca, Zulmira e Maria José entraram no quarto. Assim que as viu, Ozório perguntou:

– Quem são vocês? Que lugar é este?

Zulmira, que gostava imensamente do rapaz, começou a chorar, enquanto Maroca fazia preces para que ele se recuperasse.

CAPÍTULO 17

Férias sem o filho

Desidério estava na fazenda de Silvério, fingindo beber na venda de Salim, quando Joaquim entrou nervoso e disse:

— Turco, dê-me uma dose da melhor cachaça que tiver.

Salim, conhecendo o administrador, logo desconfiou de que ele pudesse estar envolvido na misteriosa agressão a Ozório.

Desidério puxou conversa:

— Nesse calor, só mesmo uma boa cachaça para refrescar.

— Desde quando cachaça abafa o calor? — Joaquim perguntou irritado.

O empregado do coronel percebeu que aquele homem era mais irascível que Galdério e decidiu ter cuidado. Assim, fingindo humildade, respondeu:

— Espero que o amigo me desculpe, só estou procurando alguém para conversar.

– Não estou disposto a conversar com ninguém – o administrador retrucou, engolindo a cachaça.

– Essa é por minha conta – Desidério falou. – É uma forma de pedir desculpas.

Salim observava a situação sem nada dizer. Joaquim indagou:

– Desde quando peão tem dinheiro para pagar cachaça para os outros?

– Descobri onde o dinheiro é guardado na casa-grande da fazenda do coronel Bernardi – o outro respondeu, fingindo estar bêbado.

Joaquim se interessou pela conversa e acrescentou com ironia:

– Já que o amigo tem dinheiro para pagar, pague mais uma.

– Pago quantas cachaças o senhor quiser.

Desidério tirou do bolso várias cédulas de réis, deixando Joaquim boquiaberto. Nesse momento, Ageu entrou na venda pedindo um quilo de linguiça, e Salim perguntou:

– Como está seu irmão?

O rapazinho, com lágrimas nos olhos, respondeu:

– Meu irmão não está nada bem! Perdeu a memória e não consegue se lembrar de nada, nem mesmo dos irmãos.

O comerciante se comoveu. Joaquim, ao ouvir o comentário, ficou feliz, de modo que disse a Desidério:

– Pague outra cachaça aí, amigo.

Desidério pagou mais cinco doses e convidou:

– O que acha de irmos beber na venda do Malaquias?

Joaquim, olhando a tarde cair, respondeu:

– Vou passar algumas ordens e aí poderemos ir para a vila.

Depois de meia hora, ele retornou perguntando:

– Ainda está disposto a pagar a cachaça que me prometeu?

Desidério respondeu sorrindo:

– Sou homem de palavra e vou cumprir. Tudo o que o amigo tomar será por minha conta.

Salim achou estranha a atitude do empregado do coronel Bernardi, porém não teve tempo de conversar com Joaquim e dizer para ele não acompanhá-lo. Não demorou e os dois montaram em seus cavalos, seguindo para a venda de Malaquias. Salim pensou: "Essa oferta não está me cheirando a coisa que preste".

Desidério contou a mesma história sobre Tobias e sua falsa briga. Joaquim disse gargalhando:

— Se fosse comigo, esse patife já estaria no inferno.

Desidério resolveu parar a conversa por ali e continuar somente quando Joaquim estivesse completamente bêbado. Os dois entraram na venda e, para surpresa de ambos, encontraram Galdério tomando uma dose de cachaça. O empregado de Bernardi falou animado:

— Galdério, que bom encontrá-lo por aqui!

Joaquim conhecia Desidério apenas de vista. A única coisa que sabia era que ele trabalhava para o coronel Bernardi. Logo os três homens começaram a beber, e Desidério bancava o bom anfitrião, pagando tudo o que os dois queriam. Joaquim era um homem bastante desequilibrado com respeito à bebida. Não demorou para que tanto ele quanto Galdério estivessem completamente embriagados. Joaquim e Galdério conversavam com animação quando Malaquias viu Desidério jogar a cachaça fora. Então, chamando-o a um canto, indagou:— Onde arranja dinheiro para pagar cachaça para esses homens? Acaso está roubando seu patrão?

Desidério apenas falou:

— Se não quiser arranjar confusão com o coronel, não diga nada disso a ninguém.

Malaquias, sem compreender, perguntou:

— Por que não posso dizer a ninguém que você paga cachaça para dois pés de cana e joga a sua fora?

— Se quiser saber alguma coisa, pergunte ao coronel — Desidério respondeu secamente.

Todos conheciam a influência de Bernardi na região, de modo que ninguém ousava desafiá-lo. Sendo assim, Desidério ordenou ao comerciante:

— Não quero que deixe os copos de meus amigos vazios.

Quando voltou para junto dos dois, Joaquim o abraçou, e ele sentiu repulsa por aquele homem.

Nesse instante, Bernardi, que havia saído da fazenda de Silvério, entrou na venda. Desidério levou o patrão a um canto e contou sobre a curiosidade do comerciante. O coronel enfiou a mão no bolso e deu mais duzentos réis para ele gastar como quisesse. Surpreso, o dono da venda ficou calado, e Bernardi o chamou:

— Malaquias, venha até aqui.

Limpando as mãos no avental encardido, ele foi atender à exigência do coronel, que falou:

— Desidério está aqui sob minhas ordens. Mesmo que acabe o dinheiro, pode anotar a despesa que no dia seguinte virei pagá-lo. Não quero que comente isso com ninguém... — O coronel enfiou a mão no bolso, tirando quinhentos réis, e acrescentou: — Isto aqui é pelo seu silêncio.

Malaquias, agradecido, guardou as cédulas no bolso do avental. Enquanto isso, Desidério fingia beber e deixava Galdério e Joaquim cada vez mais bêbados. Os homens ficaram na venda até perto das dez horas da noite, até que Malaquias disse:

— Preciso fechar para economizar gás.

Os dois entornaram mais duas doses e saíram em companhia de Desidério. Galdério perguntou:

— O que fez com aquele moleque, Joaquim?

— Dei uma surra nele. E agora parece que o negrinho está desmemoriado.

Os dois homens começaram a rir sem parar. Desidério comentou por fim:

— Quero matar Tobias. Quem me ajuda?

Joaquim perguntou:

— E o que nós vamos ganhar com isso?

O empregado do coronel pensou com rapidez e inventou uma história.

— Roubei vinte mil réis da casa-grande. Se me ajudarem, pagarei dez mil para cada um.

– Por dez mil, apago até o coronel se você quiser – Galdério falou com voz pastosa.

Joaquim, como bom negociador, exigiu:

– Eu quero vinte mil.

– Levará uns dias para eu conseguir essa quantia – Desidério obtemperou.

– Se Joaquim vai ganhar vinte, eu também quero vinte mil – Galdério falou.

Desidério começou a rir e respondeu:

– Sei onde o coronel guarda o dinheiro dele. Não será tão difícil de conseguir.

– Mas como você vai conseguir entrar na casa-grande? – Joaquim indagou.

– Tenho acesso livre à residência. Pegar o dinheiro não será problema.

Os três homens acertaram o preço e ficaram de fazer o serviço assim que Desidério conseguisse o dinheiro. O empregado do coronel sorriu vitorioso e, fingindo ódio, concluiu:

– Quero que Tobias tenha uma morte lenta e agonizante.

– Vamos deixar você se vingar e, quando o diabo não aguentar mais, daremos cabo dele – Joaquim falou.

– Mas, lembrem-se: ninguém deve ficar sabendo disso – Desidério advertiu. – É um segredo nosso, hein!

– Fique tranquilo – disse o administrador de Silvério. – Não somos boca-mole...

Desidério deixou os dois no meio da estrada e logo voltou à fazenda para contar ao coronel o que havia sido obrigado a fazer. Bernardi o ouviu com calma e falou:

– Eles vão começar a perguntar para quando quer o serviço, e você dirá que não conseguiu pegar o dinheiro ainda. Vá enrolando assim e, enquanto isso, continue pagando quantas cachaças eles quiserem.

Fernando recebeu a missiva do pai e por um momento entristeceu-se. Luísa, a dona da pensão onde o rapaz estava hospedado desde que chegara à capital, vendo-o triste, perguntou:

– Parece-me magoado. O que aconteceu, Fernando?

O rapaz entregou o papel para a senhora ler. A carta dizia:

Meu filho, é com tristeza que venho lhe pedir, por meio desta missiva, que não venha passar suas férias conosco, pois estamos passando por muitos problemas e a fazenda não é um lugar seguro para você no momento.

Prometo esclarecer os fatos assim que puder.

Atenciosamente,

Silvério

Fernando começou a pensar no que estaria acontecendo na fazenda, porém sabia que não poderia voltar, pois seu pai ficaria muito bravo se o desobedecesse. Por um momento, o rapaz sentiu-se sozinho. Naquela época do ano, todos os alunos da pensão voltavam para suas casas.

Então Fernando resolveu trabalhar como voluntário no escritório de advocacia de um amigo de seu pai. Doutor Alfredo era um advogado afamado e, vez por outra, conversava com Silvério sobre casos insolúveis. Assim como Silvério, Alfredo também trabalhava como promotor e, na maioria das vezes, fazia os réus pegarem pena máxima.

Fernando era aplicado e costumava ficar até tarde da noite no escritório, estudando leis que poderiam ser aplicadas em determinados casos. Dessa forma, foi aprendendo a trabalhar com as leis a seu favor.

Embora o filho de Bernadete gostasse da cidade, sentia-se só, pois a pensão estava quase vazia. O estudante se levantava todas as manhãs, fazia seu desjejum, lia o jornal e depois ia de bonde para o escritório, que ficava a quarenta minutos da pensão.

A dona da pensão, que era viúva, estava acostumada a ficar praticamente sozinha no período das férias. Certa manhã, ao ver Fernando lendo calmamente o jornal, perguntou:

— Você está triste por não ter ido para casa?

O rapaz respirou fundo ao responder:

— Não faço a menor ideia do que está acontecendo na fazenda, mas meus pais jamais pediriam que eu não voltasse se não houvesse um bom motivo para isso.

A mulher, sentindo pena dele, comentou:

— Os pais sabem o que fazem. Portanto, obedeça, e depois ficará sabendo o real motivo do pedido.

Fernando esboçou um sorriso triste e respondeu:

— Nunca desobedeci a meu pai e esta não será a primeira vez, mas estou preocupado com o que possa estar acontecendo lá.

— Para entendermos plenamente uma situação, o importante é esperar...

— Não sei ao certo o que seja, mas desconfio de que tenha a ver com as mortes que têm acontecido por aquelas bandas.

— Mortes? Que mortes? — a mulher perguntou espantada.

O rapaz começou a falar sobre o assassinato de Zaqueu, a morte de Juca e algumas confusões de que ficara sabendo entre os fazendeiros da região. Luísa, preocupada, exclamou:

— Cruz-credo! Foi bom seu pai avisar. Pelo jeito, as coisas estão em chamas, e ele o está querendo proteger.

Fernando era um bom moço e, com um sorriso terno, falou:

— Dona Luísa, eu posso me considerar um rapaz de sorte. Tenho pais maravilhosos, porém, se a fazenda se tornou um lugar perigoso para mim, também temo pela vida deles.

— Não se preocupe! Seu pai é um homem inteligente e com certeza está sabendo lidar com a situação — ela procurou confortá-lo.

Havia dois rapazes de quem Luísa gostava profundamente. Um era Fernando, e o outro era Alberto, seu companheiro de quarto. A mulher foi sincera ao dizer:

– Meu filho, já que você não pôde voltar para casa, por que não foi para a fazenda do Alberto?

Fernando respondeu:

– Prefiro trabalhar no escritório do doutor Alfredo, pois tenho como meta me tornar tão bom advogado quanto meu pai.

Então ela acariciou o braço dele e disse maternalmente:

– Tudo passa... Tudo passa...

Fernando consultou o relógio de bolso do colete e percebeu que já estava atrasado.

– Conversamos mais tarde, dona Luísa. O bonde passará em cinco minutos.

O rapaz levantou-se apressado, pegou sua pasta e correu para a rua. A dona da pensão, observando-lhe a correria, pensou: "Pobrezinho... Está tão triste por não poder voltar para casa, mas tenho certeza de que seus pais sabem muito bem o que estão fazendo".A mulher levantou-se, retirando a mesa, e voltou aos seus afazeres domésticos.

Desidério, depois que foi escalado para a importante tarefa, sempre estava às voltas com Joaquim e Galdério, de modo que pouca coisa fazia na fazenda. Os outros colonos passaram a ter inveja dele, e Tobias muitas vezes ia ter com Bernardi, para reclamar que faltavam homens para o trabalho.

O velho coronel logo percebeu se tratar de inveja e, certa manhã, chamou Tobias ao seu gabinete. O empregado entrou e foi logo dizendo:

– Coronel, os bois destruíram a cerca dos fundos da fazenda, e eu preciso de um homem para consertar.

O patrão pensou por alguns instantes e falou:

– Diga para o Natanael arrumar a cerca.

— Coronel, o Desidério passa o dia andando a cavalo de lá para cá e não faz mais nada. Sai sem pedir licença e vai para a venda de Malaquias...

— Não pense que Desidério está sem fazer nada – respondeu Bernardi. – Ele está cumprindo minhas ordens.

Tobias coçou a cabeça.

— Que ordens? De ficar o dia inteiro sem fazer nada?

O patrão o olhou com seriedade e respondeu:

— Confie em mim! Desidério está obedecendo às minhas ordens e, assim que tudo terminar, conto-lhe o que está acontecendo.

Tobias, percebendo que o patrão queria dar a conversa por encerrada, comentou:

— Natanael não dará conta de arrumar a cerca, pois a boiada fez o maior estrago...

— Vá à cidade, contrate quantos homens forem necessários e estabeleça o preço. Depois que o serviço estiver feito, diga-me o custo e pague os homens.

Tobias anuiu com a cabeça e, pedindo licença, saiu da presença do coronel.

Bernardi pensou: "Tobias é um bom homem, trabalhador, honesto e fiel, porém é muito intolerante".

Na tarde do mesmo dia em que Tobias conversou com o coronel, Desidério resolveu ir até o pequeno sítio de Galdério e, para sua surpresa, Joaquim estava lá. Os dois homens conversavam animadamente sob a copa de um ipê, quando Desidério desceu do cavalo e os cumprimentou:

— Boa tarde!

Somente Galdério respondeu, pois Joaquim ignorara completamente o cumprimento do colono do coronel, que continuou puxando assunto:

– O calor está terrível! O que acham de irmos à venda tomar uma cachaça para refrescar?

Joaquim, com seu modo arrogante, perguntou:

– Desde quando cachaça abafa o calor?

Galdério não gostava quando o amigo agia daquela maneira, porém não falou nada para não se indispor com ele. Mas fez uma observação:

– Hoje está bom é para tomar umas cervejas.

Desidério concordou.

– Podemos tomar umas cervejas na venda do Malaquias. O que acham?

– Acho uma ótima ideia – Galdério respondeu, já prevendo que o outro iria pagar a conta.

Joaquim fixou o olhar em Desidério e indagou:

– Por que insiste em sempre nos pagar bebida?

– Porque vocês são meus amigos, ora!

– Pagar bebida com dinheiro alheio é fácil – Joaquim provocou. – Queria ver se tivesse que tirar do seu ordenado.

Galdério se intrometeu:

– Que é isso, homem? Não vê que Desidério é nosso amigo?

Joaquim calou-se por um momento, enquanto o empregado do coronel passava a comentar sobre outras coisas. Enquanto ele falava, Joaquim o fitava, querendo compreender a aproximação daquele homem que outrora mal os cumprimentava. Galdério falava sobre assuntos diversos, até que Joaquim o interrompeu:

– Vamos parar de jogar conversa fora. Se veio pagar bebida para nós, então vamos logo.

Desidério riu e falou:

– Sim, vamos logo! Estou com muita sede.

– Continua roubando dinheiro do coronel? – Joaquim perguntou em tom provocativo.

O outro gargalhou ao responder:

– Não estou roubando nada! Apenas tiro do coronel o que me pertence, pois trabalho muito e ganho pouco.

– Concordo plenamente com o amigo – disse Galdério. – Somos escravos dos ricos e não temos direito a nada. Sendo assim, pegar o que nos é devido não é roubo, mas sim um adiantamento de ordenado.

Os três homens montaram em seus cavalos e seguiram em direção à venda do velho Malaquias. O comerciante gostava quando Desidério chegava, pois ele costumava gastar muito dinheiro com bebidas e porções de petiscos. Naquela tarde não foi diferente.

– Malaquias, sirva os meus amigos e dê-lhes tudo o que pedirem – disse o empregado do coronel Bernardi. – É tudo por minha conta.

O dono da venda não se fez de rogado; serviu cerveja e cachaça à vontade para Joaquim e Galdério. Vez por outra, Desidério saía com seu copo e jogava a bebida fora. Embora Malaquias visse o que ele fazia, não ousava falar nada, pois sabia agora que ele cumpria ordens do coronel.

Desidério fingia estar bêbado, o que levava Malaquias a rir de sua atuação. Joaquim era mais forte que Galdério e, para se embebedar, tinha que beber muito. Naquela tarde, Desidério falou:

– Malaquias, sirva conhaque para o meu amigo Joaquim.

– Por que quer nos ver bêbados? – Joaquim perguntou.

– Não quero vê-los bêbados – o outro respondeu. – Quero apenas ser um bom amigo.

O empregado de Silvério disse em tom sério:

– Não tenho amigos.

Desidério, cansado dos insultos dele, respondeu:

– Se não me tem como amigo, eu não o chamarei mais para vir à venda conosco.

Galdério, que já estava bêbado, falou:

– Eu o tenho como amigo. Malaquias, este homem é quase meu irmão... – Com as pernas trôpegas, Galdério enlaçou o pescoço de Desidério. – Você é meu amigo... – e, olhando para Malaquias, corrigiu: – Amigo não. Você é um irmão...

Joaquim, deixe de ser ranzinza, pois o homem já provou ser nosso amigo.

Joaquim pensou por alguns instantes e disse a si mesmo: "É... Acho que estou implicando muito com Desidério. Ele é só um idiota que rouba o patrão e paga bebida para todo mundo, na tentativa de comprar amigos". E, sorrindo, disse ao dono da venda:

– Esse aí é um idiota que pensa ser esperto. Quero ver quando o coronel souber que ele anda pagando bebida pra todo mundo com dinheiro roubado da fazenda.

Malaquias, sabendo que tudo aquilo fazia parte de um plano do próprio coronel, disse:

– Então aproveite. Não é sempre que encontramos amigos para pagar o que bebemos.

Joaquim deixou sua desconfiança de lado e passou a beber cerveja, conhaque, cachaça e tudo o que havia na venda. Tanto bebeu quanto comeu e, quando já não se aguentava mais sobre as pernas, disse a Galdério, que já se encontrava debruçado sobre o balcão:

– Vamos embora! Já bebemos demais por hoje.

Desidério, fingindo estar tão bêbado quanto eles, logo percebeu que não tinha todo o dinheiro para pagar a conta e disse gargalhando:

– Comemos, bebemos, e agora vi que não tenho dinheiro suficiente...

Malaquias sabia que a despesa seria paga no dia seguinte, de modo que falou:

– Vou marcar na sua conta.

Desidério, piscando para o dono da venda, respondeu:

– Passo aqui amanhã e lhe pago.

– Você é um otário mesmo – Joaquim voltou a provocar. – Gastou tanto, sem ver que não tinha dinheiro...

Galdério ria sem parar, enquanto Desidério dizia:

– Preciso pegar mais dinheiro ainda hoje para pagar o velho Malaquias.

— Se entrar bêbado assim na casa-grande, não conseguirá pegar nada — Joaquim ironizou. — Você é um otário mesmo!

Desidério, que apenas fingia estar bêbado, passou a odiar Joaquim ainda mais. Ele retrucou:

— Vou pegar o dinheiro hoje. Amanhã pagarei mais bebidas para todo mundo.

Joaquim continuou:

— Você rouba para pagar bebida aos outros... Eu roubo para mim, e não para os outros.

Desidério, que já conhecia a história, falou:

— Prefiro amizade a dinheiro.

— Amizade comprada com bebida não vale nada — Joaquim falou.

Desidério, perdendo a paciência, respondeu:

— Se é assim que pensa, não os procurarei mais.

Galdério se intrometeu na conversa dizendo:

— Um irmão não abandona o outro. Joaquim, se não quer a amizade de Desidério, eu quero.

O outro procurou se retratar:

— Desidério, eu sou assim mesmo, um bicho do mato. Não se importe comigo; estou bêbado.

— Se o amigo não gosta de mim, não posso fazer nada — disse o empregado do coronel e, deixando os dois homens à beira da estrada, montou em seu cavalo e voltou para a fazenda.

Enquanto cavalgava, Desidério pensava: "O melhor que tenho a fazer é não procurá-los por alguns dias. Deixarei que venham me procurar".

Ao chegar à fazenda, foi até o coronel e contou tudo o que havia acontecido, inclusive o plano de não procurá-los por alguns dias. Bernardi gostou da sagacidade do empregado e aproveitou para entregar o dinheiro para pagar a conta na venda de Malaquias.

Desidério, que a cada dia sentia mais nojo de Joaquim, disse a si mesmo ao deixar a casa-grande: "Aquele idiota vai pagar muito caro por todas as ofensas que tem me feito".

CAPÍTULO 18

Primeiros ensinamentos

Dona Maroca estava feliz. Trabalhava na casa-grande e era respeitada por Bernadete. A mulher fazia tudo com esmero, o que deixava a patroa imensamente feliz. A viúva bordava como ninguém e, com paciência, ensinou Bernadete a fazer o ponto russo, que a mãe lhe ensinara. A esposa de Silvério sabia fazer esse ponto, mas não da forma simples como Maroca a ensinou. As duas conversavam sobre vários assuntos e, quando a empregada já não tinha o que fazer na casa-grande, ajudava Zulmira e Maria José na cozinha.

Ozório continuava a fingir que havia perdido a memória e ficava horas sentado na soleira da porta, olhando para o nada. Zulmira e Maria José vez por outra perguntavam:

— Ozório, está com fome?

Ele olhava para elas e inquiria:

— Quem são vocês? Onde estou?

As mulheres meneavam a cabeça, com pena do rapaz. Naquela tarde, Maria José voltou a perguntar:

— Ozório, quer tomar café?

— Quem é a senhora? — ele perguntou.

Zulmira, que estava perto, disse com lágrimas nos olhos:

— Não aguento ver esse menino desse jeito! Sempre foi tão esperto — e começou a chorar.

Ozório ouviu a conversa e sentiu pena de Zulmira, porém sabia que, se Joaquim descobrisse que ele não havia perdido a memória, poderia matá-lo, assim como havia feito com seu pai. Além da tristeza por ser obrigado a mentir para todos, o rapaz sentia falta de Lúcia, que fora visitá-lo uma vez. Ele se sentia culpado por manter aquela farsa.

Vez por outra, Silvério se trancava com ele no pequeno quarto que ficava ao lado da cozinha. Em uma dessas conversas, o patrão perguntou:

— E então, como se sente?

— Ah, doutor, não aguento mais ficar o dia inteiro sem fazer nada. Quero voltar a trabalhar.

— Acalme seu coração, rapaz! Estamos resolvendo o assunto. Por enquanto, tenha paciência.

Ozório anuiu com a cabeça, expondo flagrante tristeza em seu rosto.

— Logo tudo isso vai passar — Silvério tentou animá-lo.

Tomado de coragem, o empregado falou:

— Doutor, quero que Lúcia saiba que eu não estou desmiolado, pois, se isso demorar muito tempo, ela pode arranjar outro namorado.

Silvério, preocupado, respondeu:

— De maneira nenhuma! Mulher não consegue guardar segredo, e isso poderá custar sua vida. Se ela realmente gosta de você, saberá esperá-lo.

Ozório, com lágrimas nos olhos, perguntou:

— E se ela não esperar?

— Se ela arrumar outro é porque nunca o mereceu — o patrão enfatizou. — Amores vêm, amores vão, mas a vida é só uma.

O rapaz acabou concordando, mas não conseguiu conter a lágrima que insistiu em rolar por seu rosto. Silvério, sorrindo, disse:

– Um homem nunca chora por uma mulher! Deus nos fez homens para sermos fortes.

– Sim, senhor – Ozório respondeu sem muito ânimo.

O rapaz sofria ao pensar que Lúcia poderia se apaixonar por outro, porém naquele momento não tinha nada a fazer.

Naquela tardezinha, Jonas resolveu ir até a casa-grande para ficar um pouco com Maria José, que estava sempre cansada e já não lhe dava tanta atenção. Embora a mulher não gostasse da presença do marido em seu trabalho, nada dizia, para não desagradá-lo.

Jonas jantou, pediu a Ageu que levasse as marmitas para os filhos em sua casa e ficou conversando com Zulmira, dona Maroca e a esposa. Maria José, que continuava penalizada com o estado de Ozório, falou:

– O pobre rapaz está emagrecendo a olhos vistos; mal come, e sua memória não volta.

Jonas foi incisivo:

– E depois você vem falar que Deus existe. Acha que, se Ele existisse, iria permitir uma atrocidade dessas com um rapaz que nunca fez mal a ninguém?

Dona Maroca, tomada de surpresa, perguntou:

– Jonas, você não acredita em Deus?

O peão respondeu friamente:

– Não! Se algum dia Deus existiu, pode ter certeza de que já morreu.

Maroca, com simplicidade, passou a falar:

– Jonas, desculpe-me pela franqueza, mas basta olhar para tudo o que existe. Se não foi criado pelo homem, certamente foi criado por Deus. Para isso é só observar a natureza, as árvores com suas diversidades, as flores com suas múltiplas cores, os sons dos pássaros, um lindo pôr do sol, as estrelas que enchem nossos olhos de beleza, a lua que clareia nossas noites, o sol que nos aquece durante o dia, o nosso corpo, que é uma máquina perfeita... Quem criou todas essas coisas?

– Ninguém – ele respondeu. – Tudo isso sempre existiu e sempre existirá.

– Tudo o que vemos é um efeito – Maroca prosseguiu –, e, para todo efeito, há uma causa inteligente. E essa causa primária se chama Deus. Uma coisa que todos os seres humanos têm que aprender é que não existe efeito sem causa.

Jonas ficou pensativo, mas logo voltou a perguntar:

– Se Deus existe, por que permite tantas injustiças? Por que Ozório, esse menino bom, perdeu a mãe, depois o pai e agora a memória? Não acha que, se Deus existisse, o protegeria de alguma forma das agruras da vida?

Dona Maroca falou com paciência:

– Jonas, devemos compreender que, antes de sermos carne, somos espíritos. Quando Deus nos criou, fez-nos simples e ignorantes. Portanto, para sairmos dessa condição de ignorância espiritual, é necessário que aprendamos, e para isso temos dois meios: pelo amor ou pela dor. É por causa de nossa ignorância que sempre escolhemos a pior maneira, ou seja, a dor. Isso explica por que uns sofrem tanto e outros nem tanto. Mas todos os espíritos encarnados na Terra sofrem, pois o espírito precisa avançar rumo à evolução espiritual. Deus não é injusto; pelo contrário, Ele nos deu o livre-arbítrio para que pudéssemos crescer de acordo com as escolhas que fazemos. Não sofremos pela punição divina, mas, antes, pelas nossas próprias escolhas. Infelizmente, as pessoas têm em mente a figura de um Deus vingativo, que pune os pecadores.

Maria José, interessada na conversa, ajuntou:

– Mas é isso que aprendemos na igreja. Muitas vezes, nas missas, o padre Bento fala que devemos fazer o bem para ganharmos o céu, porque os maus padecerão no inferno.

Dona Maroca, sorrindo, respondeu:

— As coisas não são bem assim. Antes, devemos compreender o que é o céu e o inferno, que a igreja infelizmente usa para aprisionar os fiéis. Jesus, quando esteve na Terra, nos ensinou que Deus é a expressão sublime do amor. Tanto que Jesus, ao vir à Terra, ensinou as leis máximas de amor e vivenciou esse amor a cada dia de sua vida. Deus, sendo justo e bom, jamais criaria um lugar para torturar uma alma eternamente num lugar infernal. A igreja não compreende que não se deve espalhar a crença nos tormentos eternos para os desventurados, e sim a certeza de que o céu ou o inferno em que vivemos somos nós mesmos que criamos.

Jonas não estava compreendendo muito bem o que a viúva dizia. Por isso, voltou ao velho assunto:

— Como posso acreditar no céu ou no inferno, se nem mesmo acredito em Deus?

Maroca, olhando penalizada para ele, respondeu:

— Meu filho, o simples fato de estarmos conversando nesta cozinha prova a existência de Deus, pois, se não fosse por Ele, não estaríamos aqui.

Maria José, irritada com o corte na conversa, falou:

— Não perca tempo com o Jonas, dona Maroca. Ele é um jumento que só entende o que quer entender.

A viúva, mantendo a calma, respondeu:

— Muitas pessoas não acreditam em Deus devido ao fato de serem submetidas ao sofrimento, porém um dia compreenderão que todo sofrimento faz parte de nossa evolução espiritual.

— Se Deus existe, por que Ele nunca se mostrou aos homens? — o peão questionou. — Penso que, se não o vejo, é porque Ele não existe.

— Jonas é daqueles que precisam ver para crer — Zulmira observou.

— Jonas, Deus se mostra aos homens todos os dias — Maroca explicou. — Para isso, basta olhar para as suas obras. Veja esta casa; será que simplesmente surgiu sozinha?

Jonas, achando que Maroca havia caído em contradição, respondeu com veemência:

— Não! Pelo que fiquei sabendo, esta casa foi construída por vinte e cinco homens. Não foi Deus que a ergueu.

A mulher, sorrindo, respondeu:

— Então, meu filho! Se para existir uma simples casa foram necessários vários construtores, o que pensar da construção do Universo e de tudo o que existe nele? Se esta casa foi construída por alguém, como é que o mundo poderia ter sido construído sozinho, sem nenhum construtor? Entenda, Jonas: o nada não pode construir nada... Tudo o que existe foi construído por alguém, e esse alguém é Deus.

O peão observou a coerência nas palavras daquela senhora, mas não se deu por vencido:

— Só acredito em Deus se puder vê-lo. Caso contrário, continuarei pensando que essa história de Deus não passa de invencionice dos homens.

Dona Maroca compreendia a diferença dos graus evolutivos de cada um e, com isso, disse:

— Jonas, Deus provará a você a existência Dele. É só uma questão de tempo.

O peão soltou uma gargalhada, e a esposa não gostou do sarcasmo dele. Zulmira, mudando de assunto, falou:

— Vou levar a janta do Ozório.

— Ele disse que não quer jantar — Maria José avisou.

— Meu Deus, ajude esse rapaz a recuperar a memória e a voltar a ser o mesmo menino de sempre! — a cozinheira pediu em tom de súplica.

— Deus tem mais o que fazer além de se preocupar com um negrinho órfão da fazenda — Jonas zombou gargalhando.

Maria José não se controlou:

— Jonas, se você não acredita em Deus, o problema é seu, mas respeite a nós que acreditamos.

O homem sentiu o sangue sumir de suas faces e disse constrangido:

— Desculpem-me!

Todas as mulheres ficaram caladas. Nesse momento, Benedito e Ageu entraram para comer. Bernadete e Silvério haviam terminado o jantar e conversavam enquanto saboreavam a sobremesa. Maria José retirou a mesa, e os patrões foram para a sala. Benedito andava sem apetite, pois ver o sobrinho naquelas condições cortava-lhe o coração.

Todas as noites, Benedito acompanhava dona Maroca à casa dela. Naquela noite, enquanto seguiam para lá, ele disse:
— A culpa é minha por Ozório estar desse jeito, mas uma coisa é certa: assim que descobrir quem fez isso a ele, eu vou me vingar.
Dona Maroca, com calma, passou a dizer:
— Não envenene sua alma com desejos de vingança, meu filho. Antes, procure compreender que cada um de nós passa pelo que nosso espírito precisa para sua evolução.
Benedito, não compreendendo as palavras da mulher, perguntou:
— O que a senhora quer dizer com isso?
Como estavam chegando à casa da boa senhora, ela falou:
— Entre, meu filho, vamos conversar lá dentro.
Benedito aceitou o convite, e a viúva disse para ele se sentar em um banco na pequena sala, enquanto ela se acomodou na cadeira de balanço que havia ganhado de Bernadete.
— Benedito, um pouco antes de você chegar à casa-grande, eu estava conversando com Jonas sobre a existência de Deus — ela falou. — Você acredita em Deus?
— Sim, dona Maroca — ele respondeu com firmeza.
— Pois bem. Como sabemos, Deus é amor e, antes de nascermos neste vale de lágrimas chamado Terra, Deus nos fez em espírito. Mas, como nossos espíritos são como uma

criança que precisa crescer, Deus nos deu a oportunidade de nos tornarmos carne; ou seja, quando viemos a este planeta, sabíamos que não estaríamos num lugar de delícias, mas, antes, que estaríamos aqui para evoluir. E qual é a melhor maneira de evoluir se não for pelo sofrimento? Assim como uma criança que mal começa a andar e já quer correr, nós, da mesma forma, ao chegarmos a este mundo, achamos que sabemos tudo, mas a verdade é que não sabemos nada. E é por essa ignorância que muitas vezes fazemos más escolhas na vida, causando sofrimentos a nós mesmos.

– Mas meu sobrinho nunca fez mal a ninguém, e veja a situação em que se encontra.

– Bem, antes, devemos compreender que somos espíritos e que a Terra é uma escola – a mulher explicou. – Quando não aprendemos direito a lição, não raro, precisamos ser reprovados e fazer tudo novamente, até aprendermos. Quando uma criança não sabe fazer uma conta de dividir, o que o professor faz?

Benedito pensou por alguns instantes e respondeu:

– Dá a ela mais contas de dividir, até que aprenda.

Dona Maroca, percebendo que ele era um homem de fácil entendimento, respondeu:

– Pois bem! É assim que Deus faz conosco. Ele nos dá a oportunidade de renascer na Terra, com a simples finalidade de evoluir moralmente, porém nem sempre aprendemos a lição. Então Deus, em sua infinita bondade e misericórdia, nos dá outra chance de aprendermos.

– Que chance? – o homem perguntou.

– A oportunidade de nascermos novamente, a fim de voltarmos à lição anterior.

– A senhora quer dizer que, depois de mortos, voltamos a viver na Terra?

– Sim! O próprio Cristo falou sobre isso. Nos tempos de Jesus, havia um fariseu chamado Nicodemos; esse homem era uma autoridade entre os judeus. Certa noite, vindo até Jesus, ele disse que Jesus era Mestre, pois sabia que ele vinha da parte de Deus, já que ninguém poderia realizar os milagres que ele fazia. Jesus, por sua vez, falou: "Digo-lhe a verdade: ninguém pode ver o Reino de Deus se não nascer de novo".

Benedito perguntou:

– E como é que alguém pode nascer novamente?

Dona Maroca, gostando do interesse dele, respondeu:

– A única maneira de renascermos na Terra é passando pela morte.

Benedito empertigou-se no banco.

– Não estou entendendo.

– É simples. Por meio da reencarnação – ela respondeu.

Benedito, confuso, perguntou:

– O que é reencarnação?

A mulher, com paciência, passou a explicar:

– Reencarnação é o retorno do espírito ao corpo físico; é o ato de nascermos novamente na Terra em um novo corpo. Lembre-se: Deus nos fez primeiramente em espírito, depois nos enviou à Terra para evoluirmos moralmente; após a morte, voltamos ao nosso lugar de origem. Mas, passado um tempo, temos que retornar à Terra para continuar nosso aprendizado.

Benedito perguntou:

– E quantas vezes voltaremos a nascer na Terra?

– Quantas vezes forem necessárias. Ou seja, enquanto o nosso espírito estiver respondendo a novos aprendizados, continuaremos a reencarnar.

– Mas o que isso tudo tem a ver com o Ozório? – o homem perguntou depois de um breve silêncio.

– Como você sabe, somos imperfeitos e geralmente cometemos muitos erros na vida. Em nossa trajetória na Terra, várias vezes prejudicamos pessoas e criamos elos favoráveis ou desfavoráveis. E, como na maioria das situações retornamos no meio de pessoas que conhecemos de outras existências, a relação pode ser boa ou má, dependendo do que ocorreu entre essas pessoas. Já reparou que às vezes conhecemos alguém e sentimos imediata simpatia ou antipatia por ela? A explicação desses sentimentos está no passado.

– É verdade – Benedito concordou. – Conheci Joaquim e senti repulsa por aquele homem, sem nem mesmo ter conversado com ele. Depois que o conheci melhor, esse sentimento ruim aumentou.

– Talvez você, Ozório e outras pessoas da fazenda já tenham convivido juntos em outras existências.

– Dona Maroca, desde muito jovem, eu vejo coisas... – Benedito confidenciou, olhando para ela com certo constrangimento.

– Coisas como o quê? – a viúva perguntou curiosa.

– Vejo vultos, mas nunca consigo identificar de quem se trata. Além disso, ouço passos na casa e às vezes chego a ouvir pessoas me chamando pelo nome. Porém, quando olho, não vejo ninguém.

Percebendo que ele estava constrangido ao confidenciar aquele segredo, dona Maroca falou:

– Não precisa ter vergonha em falar que vê coisas que outras pessoas não veem, pois isso é absolutamente natural. Todas as pessoas que conseguem ver os espíritos ou presenciar quaisquer fenômenos espíritas são chamadas de médiuns e não há nada de errado nisso. Médium é todo aquele que sente em maior ou menor grau a influência dos espíritos.

Benedito ajuntou:

– O Jonas não acredita em nada porque nunca viu nada. Por isso é que ele diz tantas tolices.

– Precisamos ter paciência com ele, pois, acreditando ou não, um dia Jonas saberá da existência dos espíritos e principalmente de Deus – a mulher disse, e acrescentou: – Tenho comigo este livro que o meu genro me enviou e que explica bem essas coisas.

A mulher entregou a Benedito a obra intitulada *O Livro dos Espíritos*.

– Interessante – ele falou com empolgação. – A senhora poderia me emprestar?

Dona Maroca, percebendo o sincero interesse dele, respondeu:

– Com o maior prazer.

– O problema é que eu tenho pouca leitura – ele explicou. – Por isso vou demorar um pouco para ler.

A viúva sorriu e fez um sinal positivo com a cabeça.

– Não se preocupe. Demore o tempo que precisar. Eu já li esse livro inteiro e, se quiser, poderemos conversar sobre o assunto.

Benedito pegou o livro e se despediu. Dona Maroca, sorrindo, recitou mentalmente o versículo bíblico que diz: "A seara é grande, mas os trabalhadores são poucos" e acrescentou: "Peço a Deus que mande mais trabalhadores para a colheita".

Vendo o amigo desaparecer na escuridão da noite, ela falou em voz alta:

– Benedito é um bom homem, só precisa de orientação.

CAPÍTULO 19

Uma noite agitada

Desidério não mais procurou Galdério ou Joaquim, de modo que não demorou a ser procurado. Sentia-se até aliviado, pois a presença daqueles dois homens fazia-lhe muito mal. Naquela tarde, porém, o colono de Bernardi costurava sacas de grãos quando Galdério chegou à fazenda e perguntou:

— O que aconteceu com você, homem? Pensei que tivesse morrido.

Desidério, fingindo ressentimento, respondeu:

— Vocês não querem a minha amizade; querem apenas que eu continue lhes pagando bebida.

Galdério perguntou:

— E aí, pagou a conta que ficou pendurada na venda?

— No dia seguinte paguei tudo o que devia a Malaquias. Não devo mais nada a ele.

O filho mais velho de Desidério o viu conversando com Galdério e foi logo contar para a mãe. Justina não gostava daquele homem, nem de Joaquim, pois eram pessoas de má fama nas redondezas. Porém a mulher se lembrou de que o marido estava constantemente às voltas com Bernardi e deduziu que aquela súbita amizade só poderia ser por ordem do coronel.

– Não vou me envolver nos assuntos de seu pai – ela respondeu ao filho. – Certamente ele está cumprindo ordens, e minha obrigação como esposa é permanecer em silêncio, sem questionar.

O rapazinho anuiu com a cabeça e voltou ao terreiro para ajudar a ajuntar os grãos, e a família do colono nada perguntou, pois sabia que o assunto não lhe dizia respeito.

Galdério, que aprendera a gostar de Desidério, convidou:

– Vamos à venda. Hoje é por minha conta.

– Não posso. Tenho que costurar estas sacas e empilhá-las no celeiro – o colono respondeu.

– Posso ajudá-lo se quiser – ofereceu Galdério, que era um homem forte e bem-disposto.

– Está bem. Vamos terminar o serviço e depois iremos – concordou Desidério.

Nesse ínterim, Joaquim foi até o sítio de Galdério e, como não o encontrou, pensou: "Onde diabos esse homem se meteu?". Andou um pouco pela pequena propriedade e deduziu que poderia encontrá-lo na venda. Joaquim já não era o mesmo; ficava pouco tempo na fazenda de Silvério, sem fazer nada, a não ser humilhar os colonos. Chegando ao comércio de Malaquias, perguntou a ele:

– Tem visto Galdério?

– Hoje ele não veio aqui – o comerciante respondeu. – Aliás, faz uns dois dias que não aparece.

– Galdério só aparece se tiver um otário que pague cachaça para ele – o outro falou gargalhando.

– Ah, e o Desidério não voltou mais aqui – Malaquias falou. – Vocês brigaram?

– Acha que sou homem de brigar com um otário feito aquele paspalhão? Ele com certeza não conseguiu roubar mais dinheiro do coronel para pagar bebida para nós.

— Como pode ser tão amargo, Joaquim? Desidério é um bom homem. A única coisa que ele quer é fazer amigos.

— Que seja! Mas o idiota já deveria ter percebido que não sou amigo de ninguém.

Nesse momento, Desidério e Galdério chegaram. Ao vê-los, o dono da venda disse sorridente:

— Vocês não morrem tão cedo! Estávamos falando de vocês.

— Fui atrás desse amigo fujão — Galdério falou.

Desidério, esboçando um sorriso, justificou-se:

— É que eu estava trabalhando muito por estes dias.

Joaquim, em tom provocador, intrometeu-se na conversa:

— Você, trabalhando? Fale a verdade. Não conseguiu roubar mais dinheiro do coronel para nos pagar bebida, por isso desapareceu.

O colono, ignorando as palavras ácidas de Joaquim, disse:

— Malaquias, sirva meu amigo Galdério, pois hoje vamos tirar o atraso.

— Nada disso! Hoje quem paga a conta sou eu — o outro replicou.

Mas Desidério discordou:

— Faço questão! Um amigo sempre paga a bebida do outro.

— E aí, vai pagar para mim também? — Joaquim perguntou.

Desidério fechou o cenho ao responder:

— Desculpe, mas só pago bebida aos amigos. Infelizmente, você não quis a minha amizade.

Joaquim se desarmou:

— Deixe de bobagem, homem! Somos amigos. Se não fôssemos, eu teria permanecido longe, assim como faço com muita gente desta cidade.

Malaquias sentiu asco por aquele homem, porém resolveu apenas obedecer às ordens de Desidério. Galdério e Joaquim aproveitaram e beberam muito. Desidério a todo instante mandava encher os copos dos dois.

— Hoje você tem dinheiro para pagar a conta? — Joaquim perguntou.

Desidério expôs um maço de cédulas, e o administrador disse rindo:

– Assim é melhor, pois eu não pago uma cachaça sequer.

Por diversas vezes, o colono de Bernardi jogava a bebida fora sem que os dois percebessem e, algum tempo depois, fingindo estar bêbado, chamou:

– Vamos embora, meus amigos?

Joaquim, antes de sair, pediu outra dose de cachaça e deixou Desidério pagando a conta. Galdério e Joaquim conversavam fora da venda, e Malaquias comentou:

– Não sei como você aguenta andar com esses dois homens insuportáveis.

– São ordens do coronel – Desidério respondeu.

– Não entendo por que o coronel paga altas somas com bebidas para esses malfeitores – o comerciante observou.

– Fique calado; na hora certa você vai saber.

Desidério se despediu de Malaquias fingindo estar tão bêbado quanto os outros dois. Enquanto cavalgavam, ele puxou conversa:

– Vou precisar da ajuda de vocês.

Joaquim, que estava menos bêbado, perguntou:

– O que quer?

– Tenho vinte mil réis, que consegui do coronel, e estou querendo matar Tobias. Qual de vocês me ajuda?

– Eu faço o serviço – o administrador falou. – Mas quero dinheiro na mão, e vinte mil é pouco.

Desidério arregalou os olhos.

– Você sabe o que são vinte mil réis?

– É uma mixaria diante do trabalho que teremos – Joaquim afirmou. – Quero vinte mil para matar o Tobias.

Galdério, sem entender direito aonde o comparsa queria chegar, indagou:

– Você quer os vinte mil réis só pra você? E eu?

Joaquim respondeu sorrindo:

– Vinte mil para mim e vinte para você. Portanto, o trabalho será feito no valor de quarenta mil.

— Quarenta mil réis é muito dinheiro — Desidério falou indignado. — Não sei se conseguirei pegar esse montante.

Joaquim gargalhou.

— Ah, esqueci! Você só consegue dinheiro de cachaça.

Desidério, irritado, rebateu:

— Dê-me alguns dias. Conseguirei os quarenta mil.

— Está falando sério? — perguntou o administrador, encarando-o.

— Sou homem e, como tal, não volto atrás em minhas palavras — respondeu Desidério. — Só que eu quero dar o primeiro golpe; quero que Tobias tenha uma morte lenta e dolorosa.

Joaquim riu ao dizer:

— Deixaremos você fazer o que quiser, e, quando cansar, Galdério e eu daremos cabo do infeliz.

Desidério estava espantado com a frieza de Joaquim, mas fingiu concordar. O administrador, mudando o rumo da conversa, passou a tratar de outro assunto e, voltando-se para Galdério, falou:

— Vou precisar de sua ajuda. Estou querendo dar cabo de Jonas, pois ele, com aquela cara de sonso, sempre está às voltas com o doutor Silvério. Tenho absoluta certeza de que aquele infeliz tem falado o que não deve ao patrão.

— Vamos fazer isso hoje? — Galdério perguntou animado. — Faz tempo que não sinto o prazer de matar.

Joaquim, gargalhando, ajuntou:

— É prazeroso mesmo. E quando a pessoa faz cara de coitadinho? Aí eu golpeio com prazer.

— E eu adoro quando vejo o sangue escorrer no rosto da pessoa — disse Galdério. — O sofrimento alheio me dá prazer, e sentir o gosto de sangue me faz forte.

Horrorizado com aquela conversa, Desidério ouviu Joaquim decidir:

— Vamos matar o Jonas hoje. Você quer participar?

O empregado do coronel sabia que precisava avisar o patrão, porém como se livrar daqueles dois assassinos? Eles estavam dispostos a cometer o crime naquela noite. Então, pensando rápido, ele falou:

– Antes de matar o Jonas, o que acham de darmos cabo de Tobias?

Joaquim pensou por alguns instantes e respondeu:

– Só faço o serviço se estiver com o dinheiro na mão.

– Está bem – falou Desidério. – Vou até a fazenda, pego o dinheiro e depois vamos dar cabo de Tobias.

Joaquim riu satisfeito, pois era mais dinheiro para guardar em seu baú. Por isso, praticamente ordenou:

– Então vá logo. Ficaremos esperando na casa de Galdério. Mas não demore.

Desidério respondeu:

– Terei que esperar o coronel se deitar. Por volta de meia--noite, voltarei com o dinheiro.

Joaquim pensou por alguns instantes e perguntou:

– Com toda essa facilidade, você só tem vinte mil réis? Se fosse eu, já teria pelo menos uns cem mil réis.

– Preciso agir com calma – o outro obtemperou. – Não quero que o coronel desconfie.

– O coronel achará falta do dinheiro pela manhã – Galdério interferiu –, e depois ficará sabendo da morte de Tobias. O que você fará?

Desidério, rindo, respondeu:

– Fugirei para a capital, e ninguém ouvirá mais falar de mim.

Joaquim gostou da ideia.

– Então pegue logo uns duzentos mil réis. Com esse montante, você não terá problemas financeiros.

– É isso mesmo que farei – o colono respondeu.

– E sua esposa? – perguntou o administrador.

– Eu a deixarei para trás – respondeu Desidério. – Com esse dinheiro, arranjo a mulher mais bonita da capital.

Joaquim gargalhou e disse:

– Você é pior do que eu e Galdério juntos.

Desidério montou em seu cavalo e galopou a toda velocidade rumo à fazenda. Enquanto isso, Joaquim e Galdério foram ao sítio esperar por ele.

Desidério chegou esbaforido e, gaguejando, disse a dona Emerenciana:

— Preciso falar com o coronel urgentemente!

A mulher, sem compreender o que acontecia, mandou que ele fosse até o gabinete do marido. Ao chegar, Desidério contou tudo ao patrão, inclusive o fato de os dois estarem planejando matar Tobias. Bernardi, preocupado, falou:

— Chame Tobias agora!

Desidério foi até a casa de Tobias e em pouco tempo os dois estavam diante do coronel, que disse ao empregado:

— Quero que vá à cidade vizinha agora e fique por lá. Só volte quando eu mandar.

O homem, sem entender nada, perguntou:

— O que está acontecendo, coronel?

Bernardi contou tudo a Tobias. Este, assustado, perguntou:

— Por que Desidério teve que me envolver nessa sujeira toda?

— Foi necessário – o patrão explicou. – Senão, o plano não iria funcionar. Mas não se preocupe; apenas pegue o automóvel e saia da fazenda.

O coronel deu cinco mil réis para o empregado pagar uma pensão e o mandou esconder o automóvel em algum lugar. Depois que ele deixou a fazenda, o coronel se sentiu mais tranquilo, mas logo outra preocupação o envolveu.

— Desidério, prepare o meu cavalo – ele ordenou. – Preciso avisar Silvério de que aqueles assassinos pretendem matar Jonas.

– Mas, coronel, eu terei que voltar para entregar o dinheiro a eles.

Bernardi pensou por alguns instantes e falou:

– Diga que não conseguiu pegar o dinheiro. Fale que eu estava trancado em meu gabinete.

Tobias foi para casa e mandou a esposa e os filhos se esconderem na residência de dona Francisca, pois temia pela vida da família. O coronel saiu em disparada, indo por outro caminho, pois sabia que, se fosse pela estrada, forçosamente teria que passar em frente ao sítio de Galdério.

O coronel não estava habituado a andar pelo mato à noite, de modo que demorou mais de quarenta minutos para alcançar seu destino. Ao chegar, contou tudo o que estava acontecendo a Silvério. Este, em desespero, perguntou:

– E agora, o que vamos fazer?

– Tive uma ideia – o coronel falou. – Mandarei o dinheiro por Desidério, porém eles terão que atacar Jonas, e, no momento do ataque, nós os pegaremos em flagrante.

– O senhor acha que essa ideia vai dar certo? – indagou Silvério.

– Já deu! Hoje colocaremos as mãos nesses calhordas.

Bernardi voltou à fazenda, arrumou um saco com quarenta mil réis e mandou Desidério entregar o dinheiro aos dois bandidos.

– Coronel, eles virão atrás de Tobias e, como não o encontrarão, vão ficar bravos comigo – o colono falou assustado.

– Ninguém fica bravo com quarenta mil réis nas mãos – Bernardi observou.

Desidério pegou o saco com o dinheiro e partiu ao encontro dos assassinos. Ao chegar, os dois bebiam o resto da cachaça que Galdério tinha em um garrafão. Ao vê-lo, Joaquim falou:

– Pensei que não fosse voltar.

Desidério, trêmulo, entregou o saco de dinheiro nas mãos dele.

– Não vamos fazer nada sem contar o dinheiro antes – o administrador de Silvério falou. – Quem me garante que há quarenta mil réis neste saco?

Desidério disse:

– Eu garanto.

Joaquim ignorou a resposta dele e, depois de meia hora, confirmou:

– Está certo! Galdério, agora é a nossa vez de mandar mais um para o inferno.

Galdério pegou sua garrucha, e Joaquim prendeu um pedaço de pau na sela do cavalo. Preocupado, Desidério perguntou:

– Por que esse pau, homem?

– Gosto de bater até moer a cabeça da pessoa – Joaquim respondeu gargalhando.

Galdério, entusiasmado, indagou:

– E você, pegou o dinheiro para a fuga?

– Sim! Escondi no mato.

Nesse momento, um pensamento diabólico passou pela mente de Joaquim, e, andando com calma, chamou Galdério para fora dizendo:

– Vamos matar Desidério! Ele escondeu o dinheiro no mato. Sendo assim, ficaremos com cento e vinte mil réis cada um.

Galdério, que gostava de Desidério, gritou:

– Você enlouqueceu? Ele é nosso amigo...

– Só tenho dois amigos em minha vida: o dinheiro que guardo em meu baú e minha garrucha.

– Pois eu não permitirei que faça alguma coisa contra Desidério. Ele provou ser meu amigo.

– Deixe de bobagem, homem! Amigo é dinheiro no bolso.

– Não! Se for para fazer isso, devolvo minha parte do dinheiro e fico longe de toda essa sujeira.

Joaquim, percebendo que não conseguiria convencer Galdério, falou:

– Você é muito burro! Deixar de ganhar dinheiro por causa de um homem que nem sabemos quem é.

– Desidério é meu amigo! – o outro gritou.

– Está bem! Vamos à fazenda – Joaquim disse com irritação.

– É bom terminar logo com isso, pois amanhã tenho que estar na fazenda às cinco horas.

Desidério, que permanecia no interior da casa, ouviu toda a conversa e pela primeira vez sentiu pena de Galdério. Assim, pediu:

– Deixe-me acompanhá-los! Quero ver uma pessoa implorar para viver.

Os três saíram em direção à fazenda do coronel Bernardi, e, ao chegarem à casa de Tobias, Joaquim desceu do cavalo e o chamou, mas quem saiu foi a esposa dele, que, sem saber o que estava acontecendo, olhou assustada para Joaquim e Galdério, que gargalhavam sem parar.

Naquele momento, a esposa de Tobias se arrependeu de não ter obedecido ao marido e ido se abrigar na casa de Francisca.

– Onde está Tobias? – Joaquim perguntou.

– Ele não está em casa – respondeu a mulher.

Joaquim, não acreditando, empurrou-a para dentro e logo constatou que ela estava sozinha com os filhos.

– Onde está seu marido? – perguntou aos gritos.

– Não sei... Ele saiu à tarde e não voltou até agora – ela mentiu.

Os dois montaram nos cavalos e, depois de encontrarem com Desidério, que os esperava na porteira da fazenda, os três homens foram à cidade. Lá chegando, viram que a venda de Malaquias estava fechada e as ruas, desertas. Joaquim, rindo, disse a Desidério:

– Você é azarado... Quer saber? Vamos deixar para pegar o Tobias amanhã à noite. Vamos aproveitar que estamos preparados e dar um jeito em Jonas, aquele fofoqueiro.

Desidério, apavorado, contestou:

– Mas não foi isso o que combinamos.

– Mas foi isso que eu decidi – Joaquim respondeu com raiva.

Os três seguiram para a fazenda de Silvério e, ao chegarem, tudo parecia calmo como de costume. Silvério mandara avisar Jonas de que Joaquim iria atacá-lo naquela noite, e o peão, com ódio, falou:

— Não sou rato para fugir! Se Joaquim quer me matar esta noite, que assim o faça, pois caso contrário eu o mandarei para o inferno.

O coronel estava novamente a caminho da fazenda do amigo, acompanhado por dois de seus homens. Os três estavam armados, e a escuridão seria total se não fosse o fato de ser lua cheia.

Silvério deu ordens para que ninguém saísse de casa naquela noite, inclusive dona Maroca, que teve de se abrigar na casa-grande. Maria José e seus filhos também ficaram escondidos na casa-grande, enquanto Jonas continuava em sua casa.

Jonas, embora fosse um homem de estatura mediana, era valente e sempre dizia que não temia ninguém. Benedito, ao ficar sabendo que ele corria perigo, decidiu levar os sobrinhos à casa-grande e fazer companhia ao peão. Ele estava armado, mas mesmo assim sentia a tensão percorrer-lhe todo o corpo.

Joaquim estava visivelmente alterado, pois naquela tarde havia bebido, porém ainda continuava lúcido. Desidério tremia qual folha ao vento, mas tentava pensar nas terras que conseguiria depois daquele trabalho arriscado.

Joaquim foi até o riacho, molhou a cabeça, lavou o rosto e ordenou a Galdério:

— Cuide de seu amigo para que ele não faça nenhuma besteira.

Desidério, irritado, respondeu:

— Joaquim, estou cansado de suas provocações. Saiba que sou um homem!

O outro gargalhou ao responder:

— Você está mais para um rato! Agora, saia da minha frente.

Joaquim sentou-se no mato e não viu duas entidades malfazejas que estavam à sua frente. Uma delas dizia:

— Chegou a vez de se vingar! Mate Jonas e depois fuja com o dinheiro. Há tempos, Jonas o vem traindo. Ele quer seu lugar como administrador. Inimigo é bom morto!

O assassino, tomado de ódio, disse:

– Jonas quer o meu lugar, mas o que conseguirá será uma cova rasa ao lado de Zaqueu.

Galdério, sem compreender a fúria dele, perguntou:

– O que aconteceu, Joaquim?

– Jonas será só meu. Você não colocará as mãos no calhorda, pois ele vai sofrer muito antes de morrer. Quero arrancar a língua dele e pendurar na cerca para os abutres.

Galdério, que nunca vira Joaquim transtornado daquela maneira, voltou a perguntar:

– O que aconteceu, homem?

O administrador, com os olhos injetados de ódio, respondeu:

– Quero a cabeça de Jonas. Primeiro lhe darei a surra que merece e quebrarei todos os seus ossos; depois quero cortar sua língua e, quando ele não estiver aguentando mais, cortarei sua cabeça e a colocarei sobre o mourão da cerca.

Galdério, arregalando os olhos, disse:

– Credo! Parece que o diabo tomou conta de seu corpo.

Joaquim, sem se dar conta da influência dos dois espíritos, repetiu o pensamento deles:

– Sou o servo do diabo e faço o que ele mandar.

Desidério fez o sinal da cruz e, com voz trêmula, perguntou:

– O que está acontecendo?

– Sinceramente, não sei – Galdério respondeu.

Enquanto isso, na fazenda de Silvério, o coronel chegou com seus homens e falou, orientando-os:

– Se quisermos jogar esses calhordas na cadeia, temos que esconder Jonas.

– Mas não está tudo certo? – Silvério perguntou.

– É melhor escondermos Jonas, por ora, e amanhã mandar vir da cidade vizinha dois policiais, para que sirvam de testemunha do delito – o coronel falou. – Com a palavra de dois policiais, esses calhordas não sairão tão cedo da cadeia.

– Tem razão – concordou Silvério.

Então, todos seguiram para a casa de Jonas. Lá chegando, o patrão ordenou:

– Jonas, venha conosco. Precisamos protegê-lo.

– Desculpe, doutor, mas não vou sair de minha casa. Estou disposto a matar ou morrer, mas não fugirei como um rato – o peão respondeu.

– Deixe de ser teimoso! – Bernardi gritou. – É melhor um gato vivo do que um leão morto. Venha conosco e fique escondido até amanhã à noite.

Benedito, preocupado com o amigo, falou:

– Obedeça aos patrões, Jonas. Você tem três filhos para criar e uma esposa trabalhadora que precisa de você.

Jonas, ao pensar nos filhos, deixou seu coração se enternecer.

– Onde pretende me esconder, doutor? – ele perguntou.

– Você ficará na casa-grande até amanhã à noite. De manhã, mandarei Benedito ir à cidade vizinha e trazer dois soldados, para que sirvam de testemunha do atentado. Sendo assim, esses dois apodrecerão na cadeia.

Benedito se intrometeu na conversa, dizendo:

– Mas eles vão ver os soldados aqui e desconfiarão.

O coronel, sorrindo, respondeu:

– Não se preocupe. Durante o dia eles ficarão em minha fazenda, e, na calada da noite, eu os trarei até a casa-grande. Jonas sairá com a desculpa de tomar uma fresca e, quando Joaquim se aproximar para realizar seu ato infame, os soldados e nós, digo, Silvério e eu, prenderemos os sujeitos e os levaremos à delegacia da cidade vizinha.

Benedito gostou da ideia e disse ao amigo:

– Esse será o melhor caminho.

Jonas, ao pensar nas chicotadas que levara, acrescentou:

– Farei o que me pedem, mas, por favor, não me impeçam de dar uma surra naquele miserável!

Silvério riu ao dizer:

– Permitirei que faça o que quiser, só não o mate! Lembre-se: você tem filhos para criar.

Jonas acompanhou os dois homens à casa-grande. Benedito, que estava decidido a deixar os sobrinhos na casa do patrão, mudou de ideia, resolvendo levá-los para casa e fazer-lhes companhia. Naquela noite, todos ficaram na casa-grande, exceto Benedito e os sobrinhos.

Depois de quarenta minutos, enfim os três homens chegaram à fazenda de Silvério, que, com a luz apagada, observava-os entrarem em sua propriedade.

Joaquim foi direto à casa de Jonas, encontrando-a totalmente às escuras. Então, tomado de ódio, desceu de seu cavalo e começou a chutar a porta. Assim que a derrubou, entrou e percebeu que não havia ninguém ali.

– Estranho... Onde foi parar Jonas e sua família? – perguntou com raiva.

Galdério disse:

– Vamos embora daqui antes que nos vejam.

– Posso não pegá-lo hoje, mas amanhã ele não escapa – o assassino rosnou.

Desidério respirou aliviado, pois estava com muito medo de que uma tragédia acontecesse naquela noite. Joaquim montou em seu cavalo e falou:

– Vá pra casa, Galdério. Amanhã nos falamos. – Depois, virou-se para Desidério e ordenou: – Quero todo o dinheiro que pegou do coronel; caso contrário, não cumprirei a parte do combinado.

– Amanhã lhe darei os duzentos mil réis para dividir com Galdério – respondeu o colono de Bernardi.

Galdério, indignado, contestou:

– Não foi isso que combinamos...

– O preço antigo era para realizar o trabalho hoje, mas, como nada deu certo, o preço será outro amanhã – Joaquim vociferou.

– Você está louco! – Galdério gritou. – Vá descansar e amanhã conversaremos.

– Cuidado – Joaquim o advertiu. – O negrinho Ozório, por falar grosso comigo, está sem memória...

Galdério sentiu um frio percorrer-lhe a espinha. Desidério não via a hora de se livrar daqueles dois, de modo que saiu em disparada rumo à fazenda. O coronel estava preocupado com ele e, ao ouvir a cavalgada, saiu para a varanda, chamando-o. O colono desceu do cavalo e, pálido, disse:

– Coronel, aquele Joaquim é o demônio em pessoa. Agora ele quer os duzentos mil que eu disse que estavam escondidos no mato.

– Não vou entregar uma quantia dessas àquele assassino – Bernardi falou com raiva.

Desidério, arrependido, pediu:

– Coronel, eu não quero mais contato com aqueles homens!

– Fique calmo – sossegou-o o patrão. – Amanhã seu trabalho terminará.

Bernardi contou-lhe todo o plano, deixando Desidério mais tranquilo. O colono chegou a sua casa em segurança, porém naquela noite não conseguiu dormir, pois a tensão sofrida momentos antes o fizera perder por completo o sono.

CAPÍTULO 20

Providências para o flagrante

Silvério estava preocupado com a vida dos colonos, de modo que faltavam poucos minutos para as quatro horas da manhã quando, insone, resolveu se levantar. Trancou-se em seu gabinete e se pôs a pensar em Joaquim e suas maldades. Logo passou a ouvir os primeiros movimentos na fazenda, principalmente de Ageu, que já estava arrumando os latões para colocar o leite. Silvério foi até a mangueira e perguntou:

– Benedito já saiu de casa?

– Sim, senhor. Ele está prendendo os bezerros.

– Por favor, diga a ele para vir conversar comigo em meu gabinete.

O rapazinho saiu apressado ao encontro de Benedito, que, ao saber da ordem do patrão, terminou de prender os bezerros e apressou-se em direção à casa-grande, a fim de saber o motivo pelo qual fora chamado. Ao entrar, Zulmira já acendia o fogão, enquanto Maria José arrumava as cestas de pães. Benedito cumprimentou as duas mulheres e disse:

— O doutor Silvério mandou me chamar.

— O patrão está no gabinete. Pode entrar.

Benedito atravessou a imensa copa e depois a sala, batendo levemente na porta do escritório.

— Pode entrar! — Silvério autorizou ao ouvir as batidas.

— O senhor mandou me chamar, doutor? — Benedito perguntou assim que entrou no escritório.

— Por favor, feche a porta — o fazendeiro pediu.

Benedito o obedeceu e voltou a perguntar:

— Em que posso ajudar, doutor?

— Hoje quero que se esqueça dos trabalhos da fazenda. Acompanhe Jonas onde ele estiver, pois Joaquim poderá tentar realizar seu intento durante o dia. Leve sua arma e, se acontecer alguma coisa, quero que proteja Jonas.

— Sim, senhor! — Benedito respondeu com firmeza.

— Hoje você será a sombra de Jonas — Silvério prosseguiu. — Sinto que a animosidade entre esses dois homens poderá desencadear alguma tragédia.

Benedito anuiu com a cabeça e saiu em seguida. Ao encontrar Jonas, disse-lhe:

— Hoje ficaremos juntos o dia inteiro. O patrão teme que Joaquim possa lhe fazer algum mal.

O peão, erguendo a camisa, mostrou o facão que trazia na cintura. Benedito meneou a cabeça negativamente e ralhou com ele:

— Deixe de bobagem, homem! Estarei com você para protegê-lo.

O outro riu nervosamente e respondeu:

— Não quero que suje suas mãos no sangue imundo daquele sujeito.

— Jonas, você é meu melhor amigo. Não me perdoarei se algo lhe acontecer...

— Feliz é o homem que tem um amigo como você — o peão atalhou, apoiando a mão no ombro do companheiro.

Benedito o olhou seriamente e falou:

— Hoje você não irá ao cafezal. Ficaremos ao redor da casa-grande, pois aqui Joaquim não terá o topete de importuná-lo.

Jonas, batendo levemente a mão no facão que trazia sob a camisa, disse:

— Joaquim vai querer me encontrar sozinho, mas ele mal sabe o que o espera.

— Por favor, coopere comigo — Benedito insistiu.

— Mas o que farei o dia inteiro? Não estou acostumado a ficar à toa...

— Fique descansando — Benedito falou. — Se Deus quiser, hoje mesmo esse tormento acabará.

E a conversa terminou assim.

Passava das sete horas da manhã quando Silvério resolveu ir à fazenda de Bernardi. Ao chegar, encontrou o coronel fazendo seu desjejum e foi logo dizendo:

— Amigo, a noite foi longa! Não consegui pregar os olhos, pois estou preocupado com o rumo que as coisas tomaram.

Bernardi respondeu com calma:

— Seu calvário acaba hoje. Enfim chegou a hora de colocarmos aquele homem atrás das grades.

Silvério estava visivelmente preocupado e rejeitou o convite para o desjejum. O coronel terminou de tomar café e o chamou para irem à cidade.

— Precisamos buscar dois soldados para nos ajudar a proteger Jonas e os demais.

O fazendeiro estava ali justamente para pedir esse favor ao amigo, pois sabia se tratar de homem influente naquela região. Bernardi, arrumando seu suspensório, pegou o chapéu e disse:

— Vamos! São duas horas de viagem. Mas teremos de ir com seu automóvel, pois ontem emprestei o meu para Tobias.

Os dois partiram rumo à cidade, e o coronel, tentando distrair o amigo, começou a falar sobre a primeira fazenda que seu pai conseguira e depois as outras que agora lhe pertenciam. Silvério dirigia sem olhar de lado, pois a estrada de terra era cheia de buracos e ele tinha medo de ficar preso em um deles.

— É tão difícil conseguir verba para consertar pontes! Imagina se fôssemos pedir verba para acertar estas estradas... — Bernardi comentou, e começou a falar sobre o governo provisório de Getúlio Vargas: — Gosto daquele homem; ele demitiu todos os governadores, exceto o das Minas Gerais, e, além disso, criou três ministérios.

Silvério, que estava desinformado sobre as medidas do governo, perguntou:

— Que ministérios ele criou?

Como o coronel era um homem politicamente influente, fazia questão de se manter bem informado sobre as últimas medidas do governo; com isso, respondeu:

— Getúlio Vargas criou os ministérios do Trabalho, da Indústria e do Comércio. Esse homem fará muito bem ao Brasil.

Silvério acrescentou:

— Assim espero. Ao que tudo indica, Getúlio Vargas será a luz para o povo pobre deste país.

Bernardi, que defendia abertamente Getúlio Vargas, ficou feliz com o comentário. Os dois passaram por diversas estradas ruins, embora a paisagem fosse bela. Depois de duas horas e meia, finalmente chegaram à delegacia de polícia da cidade. O coronel foi logo entrando e abraçando o delegado, que era um velho amigo. Depois de apresentar Silvério a ele, falou:

— Pedro, viemos lhe pedir um reforço policial.

O delegado, que quase não tinha ocorrências em sua delegacia, a não ser pegar bêbados nas ruas, perguntou:

— O que aconteceu?

Bernardi informou tudo o que estava acontecendo nas redondezas das fazendas deles: os assassinatos, os roubos, a confissão dos assassinos e o plano de matar outros homens. O delegado se empertigou na cadeira e disse:

– Coronel, como vê, minha delegacia é pequena. Só tenho dois soldados para cuidar de toda a cidade.

Bernardi, puxando o suspensório, perguntou:

– O amigo vai me negar um pedido?

Pedro sabia que, se não fosse pela ajuda do coronel, ele não seria o delegado daquela cidadezinha. Sentindo-se pressionado, respondeu:

– Posso deixar que meus dois soldados os acompanhem até sua fazenda, mas quem cuidará da delegacia?

O coronel puxava o bigode toda vez que se sentia contrariado, como agora, de modo que disse:

– Se o amigo não nos ajudar, poderei ir até a capital para conversar com o governador e pedir que ele envie mais soldados para a sua delegacia.

O delegado sentiu o peso das palavras de Bernardi e disse em tom conciliador:

– Há quantos anos nos conhecemos, coronel?

O homem riu e respondeu:

– Desde que você andava de calças curtas.

O delegado também riu e falou:

– Enviarei meus dois soldados para acompanhá-los. Porém, se esses homens forem pegos, precisarei que sejam trazidos à minha delegacia para esclarecimentos.

O coronel, puxando mais uma vez o bigode, falou com firmeza:

– Não! Eles não devem vir aqui para esclarecimentos, mas para serem presos e julgados segundo o rigor da lei, pois são assassinos e ladrões.

O delegado, mudando o tom da conversa, concordou:

– Sim! Mandarei meus homens acompanharem os senhores e prenderem os meliantes.

– Peça a seus homens que levem roupas comuns – o coronel orientou –, pois durante a tarde eles serão meus hóspedes e somente à noite serão cumpridores da lei.

– O coronel não pede, manda – o delegado disse sorrindo.

Bernardi gostava do senso de superioridade que tinha diante dos outros e asseverou:

– Continue assim. Gosto de presteza e atenção.

O delegado chamou os únicos soldados que havia na delegacia e mandou que acompanhassem Bernardi à fazenda. Os dois prontamente obedeceram. Assim que se viu só, o delegado disse para si mesmo: "Terei que ficar na delegacia esta noite... Mas o que poderei fazer? É graças ao coronel que tenho este cargo".

Os quatro entraram no automóvel e logo saíram da cidade em direção à fazenda. Enquanto dirigia, Silvério percebeu que os soldados estavam acanhados e perguntou:

– Qual o nome de vocês?

O mais alto respondeu:

– Meu nome é Barnabé.

– E o meu é Lindomar – disse o outro.

O coronel passou a falar sem parar e, em dado momento, perguntou:

– Há quanto tempo são policiais?

Lindomar respondeu:

– Há cinco anos, senhor.

– E você, Barnabé?

– Há dois anos.

Silvério indagou:

– Acontecem muitas ocorrências na cidade?

Lindomar, que era o mais falante, respondeu:

– Não, doutor! O que geralmente acontece são bêbados fazendo escândalos nas ruas, ou um marido surrando a esposa.

– E o que vocês fazem?

– Quando o sujeito é valentão, nós o levamos para passar uma noite na cadeia. Quando se trata de bêbados fanfarrões, damos um corretivo e o levamos para casa.

Bernardi gargalhou e depois disse:

– Então vocês são pagos para cuidar de bêbados e valentões?

Silvério lançou um olhar de reprovação para ele, comentando:

– Amigo, desculpe minha franqueza, mas creio que todo trabalho é digno de nosso respeito. Não importa se você é advogado, juiz, médico ou soldado; o trabalho enobrece o homem.

Bernardi sentiu seu rosto bonachão corar de vergonha e se justificou:

– O amigo não está pensando que eu menosprezo a profissão de nossos soldados, não é?

Silvério respondeu formalmente:

– Espero que não.

Bernardi ficou calado por alguns minutos e depois começou a relatar o que estava acontecendo na fazenda de Silvério. Os soldados se mostraram intimidados, afinal, nunca haviam enfrentado assassinos antes.

– Vocês não estão com medo, não é? – Silvério perguntou.

Bernardi soltou uma gargalhada ao dizer:

– Acho que o amigo está menosprezando a coragem dos nossos heróis.

Silvério sentiu o sangue subir por sua face.

– Desculpem... Não foi isso que eu quis dizer.

Um dos soldados, batendo levemente em seu revólver, respondeu:

– Somos agentes da lei e temos permissão federal para atirar caso um bandido se mostre perigoso.

Silvério, olhando de soslaio para o coronel, continuou a dirigir em silêncio. Bernardi, que não conseguia ficar muito tempo calado, passou a dizer:

– Antes de chegar à fazenda, é preciso que troquem de roupas, pois não quero que ninguém saiba que vocês são policiais.

Barnabé disse:

– Desculpe, mas o delegado não nos avisou que era para trazer roupas comuns.

Silvério pensou por alguns instantes e falou:

– Vamos pegar esse atalho e ir para outra cidade. Lá poderemos comprar roupas novas para os nossos amigos, e eles não chamarão a atenção.

Lindomar falou:

– Faço o que os senhores quiserem, mas, no momento em que entrarmos em combate, quero estar usando meu quepe; afinal, somos representantes da lei.

O coronel explicou:

– Não se preocupem. Quando chegar o momento de irmos para o local onde está programado o assassinato, quero que usem o uniforme policial, pois isso irá intimidar os assassinos. – Vendo que os policiais tinham aprovado a ideia, ele salientou: – Ah, e enquanto estiverem em minha fazenda, por favor, escondam suas armas.

Os dois prometeram cumprir as ordens.

Passava das quatro horas da tarde quando chegaram à fazenda do coronel. Lindomar e Barnabé trocaram de roupas, conforme combinado. Os homens estavam com fome e rapidamente foi providenciado o almoço. Os quatro comeram ali mesmo, na cozinha, sem nenhuma formalidade.

O coronel estava entusiasmado e, por isso, exclamou:

– É hoje que pegaremos Joaquim! Segundo Desidério, ele tem dinheiro no baú, e, por direito, esse dinheiro é do amigo Silvério.

– Não posso deixar a esposa de Joaquim sem dinheiro para suas provisões diárias – o fazendeiro falou com sinceridade.

– Mas esse dinheiro é do amigo. Afinal, ele o vem roubando há anos – Bernardi falou com irritação.

Silvério, não querendo estender a conversa, mudou de assunto e, juntos, passaram a planejar como fariam durante a noite. Lindomar e Barnabé estavam cansados da viagem, de modo que pediram para descansar. O coronel, como bom anfitrião, ofereceu-lhes um dos quartos de hóspedes, onde havia duas camas.

Assim que terminaram de combinar o trabalho para a noite, Silvério voltou para casa a fim de saber como as coisas estavam indo.

Chegando à fazenda, Silvério encontrou Jonas cuidando da horta, perto da casa-grande.

– Como estão as coisas? – ele perguntou ao empregado. Jonas, sorrindo, respondeu:

– Está tudo bem, patrão. O Joaquim não se importou com o fato de eu não ter ido ao cafezal.

– Você fez muito bem em não ir até lá. Aquele homem é traiçoeiro e está pouco se importando em fazer suas maldades à luz do dia.

Benedito estava a certa distância de Jonas e viu quando o colono conversava com o patrão. Como era um homem discreto, não se aproximou para saber sobre o que falavam.

Nesse momento, a figura de Zaqueu se formou ao lado de Silvério e, com suavidade, disse mentalmente para que o patrão mandasse chamar o médico. O fazendeiro sentiu as palavras do espírito, chamou Benedito e falou:

– O doutor Toledo está na cidade. Vá até lá e peça que ele venha conversar comigo antes de partir para a cidade vizinha.

Benedito pensou se tratar de algum problema com Ozório e perguntou preocupado:

– A vinda do médico tem a ver com o Ozório, doutor?

Silvério, sabendo que o rapaz estava bem, mentiu:

– Sim! Pedirei que ele examine o Ozório e jante conosco.

Benedito atrelou sem demora o cavalo à charrete e saiu em direção à pequena cidade. Em pouco mais de quarenta minutos, chegou ao destino e procurou se informar na venda de Malaquias:

– Onde posso encontrar o doutor Toledo?

O comerciante, apontando para uma rua, disse:

– Veja! Ele já está indo embora.

Benedito correu chamando pelo médico, que parou para atendê-lo. Sem rodeios, ele transmitiu o recado de Silvério. Preocupado, Toledo perguntou:

– O rapaz piorou?

– O pobrezinho está desmemoriado.

– Como assim? Quando saí da fazenda, ele se lembrava de tudo...

Benedito, com lágrimas nos olhos, passou a falar sobre a amnésia de Ozório, e, preocupado, o médico disse:

– Vou atender dona Isabel e em seguida irei ter com Silvério.

– O senhor quer que eu o espere?

Toledo respondeu:

– Não será necessário; estou de automóvel.

Benedito então se despediu ali mesmo e tratou de voltar à fazenda.

Joaquim não via, mas duas entidades andavam a seu lado e, cada vez que via Jonas, ele sentia ímpeto de matá-lo ali mesmo na frente de todos. Por um momento, o administrador teve vontade de tomar café, então resolveu pedir uma xícara a Zulmira. Ao se aproximar da janela, o homem, sorrindo, perguntou à velha cozinheira:

— Zulmira, tem café?

Ela não o via mais como antes e respondeu secamente:

— Entre! Você não é cachorro para tomar café fora de casa.

Joaquim deu a volta e, encontrando Ozório sentado junto à soleira da porta, comentou com maldade:

— E aí, negrinho, ainda não se lembra de mim?

Ozório, fixando o olhar nele, fingiu:

— Quem é o senhor?

— Sou seu amigo. Costumávamos pescar juntos quase todas as tardes — o homem respondeu com ironia.

Irritada, Zulmira disse:

— Deixe Ozório em paz! Não vê que ele está doente?

Joaquim, gargalhando, respondeu:

— Para curar esse negrinho vagabundo é só dar um balaio de grãos para ele carregar.

— Como pude ser tão cega durante todos estes anos? — a cozinheira falou revoltada. — Você é muito pior do que as pessoas falam.

— Só você não vê que sou o filho preferido do demônio — Joaquim vociferou.

Zulmira arrepiou-se dos pés à cabeça, dizendo:

— Cruz-credo! Tome seu café e vá trabalhar!

— Sempre lhe tive respeito — ele falou com raiva —, mas, se continuar a me tratar assim, quando eu for o dono desta fazenda, mandarei erguer um tronco só para você.

A mulher explodiu:

— Você está enlouquecendo? Suma agora da minha cozinha!

Joaquim, gargalhando, ia se retirando quando deu um safanão na cabeça de Ozório. Nesse momento, Bernadete entrou na cozinha e indagou:

— O que esse homem faz aqui?

Zulmira, sem rodeios, contou o que havia acontecido, e a esposa de Silvério falou com raiva:

— Se tivesse coragem, eu colocaria veneno no café desse traste.

Ozório, com os olhos úmidos, continuou a fingir que não estava entendendo nada. Bernadete perguntou:

– Ozório comeu?

– Não, senhora! Não almoçou, não comeu bolo e não quis nem mesmo as cocadas de que sempre gostou.

A patroa, penalizada, comentou:

– Precisamos cuidar deste rapaz. Se continuar assim, morrerá de inanição.

O que as duas mulheres não sabiam era que Ozório sofria por Lúcia, sua primeira namorada, e não pela falsa amnésia.

Bernadete disse:

– Zulmira, faça uma canja, que eu mesma a darei a Ozório.

Maria José adentrou a cozinha neste instante levando hortaliças frescas. Zulmira falou a ela:

– Maria, vá até o galinheiro e pegue a galinha mais gorda que houver. A sinhá mandou preparar uma canja para o Ozório.

A mulher saiu, foi até o galinheiro, que ficava a certa distância da casa, e escolheu um frango carijó. No que dependesse das mulheres daquela casa, a falta de apetite do rapaz sem memória estava com as horas contadas.

CAPÍTULO 21

Confronto final

A paisagem na fazenda estava belíssima naquele fim de tarde. Os raios dourados do sol deixavam a grama mais colorida. O céu, afogueado, mantendo as bordas azuladas, embelezava o horizonte. Maria José olhou para o monte ao longe e disse com satisfação:

– Não entendo como Jonas insiste em dizer que Deus não existe. Vejam como a tarde está especialmente linda!

Dona Maroca se aproximou dela e, juntas, passaram a admirar o pôr do sol.

– Os belos céus atestam a bondade e o amor de Deus – a viúva falou. – Se aqui na Terra, que é uma cópia imperfeita dos mundos espirituais, é bonito, imagine para aqueles que estão do outro lado da vida.

A esposa de Jonas suspirou e disse:

– Se morrer for tudo isso que a senhora diz, a morte não é algo ruim.

– Morrer? Haverá o dia em que a maioria das pessoas acreditará que a morte não existe, que o que existe é a extensão da vida, porém em dimensões diferentes.

Zulmira, ouvindo a divagação das duas mulheres, interferiu:

– O céu pode ser tudo isso que a senhora diz, mas, sinceramente, eu quero continuar a viver na Terra.

Dona Maroca, sorrindo com complacência, respondeu:

– É compreensível as pessoas terem medo da morte. Afinal, todos nós temos medo do desconhecido. Mas, se analisarmos a morte como realmente é, chegaremos à seguinte conclusão: ela não existe! O que existe é apenas uma viagem que todos nós faremos, quer queiramos ou não.

– Todos nós temos medo da morte – Maria José pontuou.

– Nem todos – disse a viúva. – Eu mesma não tenho.

Zulmira se benzeu.

– Deus me livre! Morrer dói.

– É aí que a senhora se engana – falou Maroca. – Morrer propriamente não dói; o que causa sofrimento são as enfermidades que antecedem a morte.

– Como a senhora sabe de tudo isso? – perguntou Maria José.

– Os próprios espíritos da Codificação nos informaram sobre isso.

Com sinceridade, a esposa de Jonas ajuntou:

– A senhora tem uma maneira bonita de ver a vida, porém nós não temos certeza de nada.

– As pessoas que pensam na vida espiritual creem para ver; mas as materialistas, como Jonas, precisam ver para crer – a viúva explicou. – Um exemplo de pessoa materialista era São Tomé, que disse que, a menos que visse Jesus e tocasse em suas chagas, não acreditaria. Jesus realizou seu desejo e apareceu em um lugar fechado para os discípulos, deixando Tomé tocar suas chagas. Devemos ser pessoas de fé, porém não devemos deixar que a fé nos deixe cegos, a ponto de agirmos com insanidade.

– Como é que a fé pode nos cegar? – Maria José perguntou.

– Bem... Existem dois tipos de fé: a fé cega e a fé raciocinada. A fé cega é aquela que foge à razão, fazendo com
que a pessoa passe a agir com insanidade. Um exemplo de
fé cega é quando a pessoa cai nos laços do fanatismo religioso e deixa de raciocinar com lucidez, passando a agir sem
pensar. Como temos observado no transcorrer da história,
muitas pessoas morreram pelo fanatismo religioso. Chamamos
de fé cega porque ela tem o dom de cegar a capacidade de
entendimento da pessoa. O fanatismo cega a pessoa de tal
maneira, que a única coisa que ela quer é dominar os outros,
abusando de seu poder. Um exemplo disso é a chamada Santa
Inquisição, quando os clérigos religiosos matavam as pessoas,
acusando-as de heresia e condenando-as à fogueira.

Maria José não conhecia a história da igreja, de modo que
disse assustada:

– Isso é verdade?

– Sim – respondeu dona Maroca. – Eles praticaram esses
crimes hediondos movidos pela fé cega e, principalmente,
pelo exercício exacerbado de poder. A fé raciocinada, ao
contrário, leva a pessoa a desenvolver uma fé inabalável,
que faz encarar a razão face a face em todas as épocas da
humanidade. A fé raciocinada nos faz pensar em tratar o próximo como gostaríamos de ser tratados; afinal, essa é uma
das máximas do Cristo. E, com isso, tornamo-nos pessoas
melhores, habilitando-nos a viver em uma das belas moradas
do Pai.

Em meio ao diálogo, Bernadete voltou à cozinha perguntando:

– A canja está pronta?

Zulmira, mexendo o conteúdo da panela, respondeu:

– Estou terminando, sinhá.

Com a presença da patroa, as mulheres voltaram aos seus
afazeres, deixando a conversa para mais tarde.

Doutor Toledo foi introduzido ao gabinete de Silvério e, preocupado, perguntou:

— Como está o rapaz? Fiquei sabendo que ele está com amnésia.

Silvério esboçou um sorriso ao dizer:

— Ozório está bem. Ele está fingindo uma amnésia como medida de proteção.

O médico respirou aliviado e indagou:

— Então, por que me chamou aqui?

Silvério, compassadamente, contou-lhe tudo o que estava ocorrendo, sem esconder nenhum detalhe. O médico, ao saber dos últimos acontecimentos, foi enfático:

— Isso que vocês estão planejando fazer é muito perigoso.

— Por isso que o quero por perto, doutor Toledo. Se houver alguma emergência, o senhor estará aqui para nos ajudar.

— Não posso ficar na fazenda esta noite — o médico disse.

— Eu pago dobrado! Ou melhor, pago o triplo, pois não quero que haja mais mortes por aqui.

— A questão não é dinheiro — Toledo explicou. — São os pacientes que estão me aguardando no hospital.

O fazendeiro pensou por alguns instantes antes de falar:

— Embora seus pacientes estejam doentes, o senhor poderá chegar amanhã de manhã e atendê-los. Mas, se houver qualquer incidente aqui, a morte será certa. O senhor fez o juramento de Hipócrates de salvar vidas...

— Está bem, está bem — o médico concordou. — Mas, se não houver nenhum incidente, eu vou embora ainda de madrugada.

Silvério agradeceu, e eles conversaram sobre outros assuntos até a hora do jantar. O médico conversava mais do que comia, e o jantar transcorreu tranquilamente.

Jonas estava inquieto; andava de um lugar a outro e, cada vez que pensava em Joaquim, seu ódio aumentava. Benedito permanecia a seu lado, tentando acalmá-lo, pois naquela noite ele ficaria em casa esperando o administrador. O facão continuava em sua cintura, e Benedito aconselhava:

– Não faça nada a Joaquim. Você não merece o sentimento de culpa que carregará pelo resto da vida caso venha a matá-lo.

Jonas, parecendo não ter ouvido nada, pediu:

– Benedito, leve meus filhos à casa-grande. Ficarei aqui, afinal sou homem e como tal não fujo à luta. Chegou a hora da vingança.

– Não posso deixá-lo sozinho – o outro explicou. – São ordens do doutor Silvério.

Maria José, preocupada, foi buscar os filhos para ficarem com ela na casa-grande. Ela tentou convencer o marido a acompanhá-la, mas ele se recusou a ir. Os minutos passavam lentamente, e Jonas estava à beira de um ataque de nervos. Então, querendo se livrar de Benedito, falou:

– Por favor, vá dizer ao doutor Silvério que eu quero uma arma.

Jonas não sabia que havia dois soldados na casa-grande. Benedito, inocentemente, fez o que o amigo lhe pediu e, assim que ele saiu, Jonas resolveu dar uma volta.

Passava das dez horas da noite quando Joaquim chegou à casa de Galdério e disse rindo:

– Hoje eu quero tomar banho no sangue daquele safado do Jonas.

Galdério, entusiasmado, perguntou:

– Vai cortar a língua dele e colocar sua cabeça num mourão?

– Certamente, meu amigo! – o outro disse gargalhando. – Jonas sentirá na pele o que me fez.

Os dois homens não viam, mas duas entidades malévolas gargalhavam junto a eles.

– Joaquim, como você sabe, já fizemos muitas coisas juntos – Galdério falou –, mas nunca o vi com tanto ódio.

A entidade falou algo, e Joaquim repetiu sem perceber:

– Hoje estou possuído pelo pior demônio dos infernos. Quero sangue, e, se abusar, eu devoro um pedaço da carne daquele peão.

Os dois homens montaram nos cavalos e rumaram para a fazenda. O coronel, que estava na propriedade de Silvério, mandou que um dos soldados ficasse escondido próximo à porteira, enquanto o outro aguardava perto da casa de Jonas. O que eles não sabiam era que o peão havia saído de casa e caminhava a esmo pela fazenda.

Lindomar, que ficara próximo à cerca, logo ouviu o tropel de cavalos e, com isso, abaixou-se perto de um tufo maciço de plantas, tornando-se completamente invisível a quem passasse pela porteira. Enquanto isso, Barnabé estava a cinquenta metros, olhando fixamente para a casa de Jonas.

O coronel mandou que deixassem a casa-grande na mais completa escuridão. Maria José e as crianças ficaram no mesmo quarto onde Ozório estava. Zulmira, amedrontada, sentou-se em seu banco, ouvindo os ruídos que vinham do lado de fora da casa. Nesse momento, Benedito entrou na residência de Silvério.

– Doutor – ele falou –, o Jonas mandou vir conversar com o senhor e, quando voltei, ele não estava mais em casa.

– Não acredito que ele me desobedeceu – o fazendeiro falou com irritação. – Eu havia ordenado que ficasse em casa.

– Vou procurá-lo, doutor – disse Benedito.

– Nada disso – ordenou o coronel. – Fique aqui, pois mandarei meus homens o procurarem. Eles estão armados.

O médico, que acompanhava toda aquela movimentação, exclamou:

— Meu Deus! Isso está parecendo uma guerra.

— Sim. Uma guerra do bem contra o mal — Silvério anuiu.

Nesse momento, Joaquim passou em frente à casa-grande e, como era comum deixarem tochas com querosene acesas, não estranhou o fato. O que ele e seu companheiro não sabiam era que todos os olhavam da janela. De repente, quem apareceu em frente aos cavalos dos dois homens foi Jonas, que gritava impropérios ao administrador.

O médico disse:

— Jonas enlouqueceu.

Joaquim desceu do cavalo, pegou o cabo de machado que trazia preso à sela e grunhiu:

— Hoje você vai morrer, mas, antes de morrer, vou lhe dar uma surra de que jamais se esquecerá.

Jonas, irritado, gritou:

— Hoje você vai pagar pelas chicotadas que me deu. Você verá que sou homem.

Galdério desceu do cavalo, dizendo:

— Vamos pegá-lo!

Silvério, desesperado, falou:

— Vamos sair e socorrer Jonas.

— Não! — retrucou o coronel. — Os soldados estão lá fora. Deixemos que eles resolvam essa questão.

— E onde estão aqueles imprestáveis? — Silvério perguntou.

Bernardi, que confiava nos soldados, respondeu:

— Calma!

Mas o médico também estava preocupado e comentou:

— Vamos intervir antes que alguém se machuque.

O coronel, passando a mão no bigode em um gesto nervoso, ordenou:

— Ninguém sai daqui.

Silvério mandou que Bernadete se trancasse em seu quarto. Benedito estava junto a Maria José, Maroca, Ozório e Zulmira. Os filhos de Jonas choravam ao ouvir a gritaria que vinha de fora. Ageu e seus irmãos estavam trancados em casa.

Enquanto isso, a discussão se fazia ouvir quase por todas as casas da colônia da fazenda. Jonas disse:

– Você é um ladrão sem-vergonha! Roubou e matou pessoas só para conseguir seu pedaço de terra.

Joaquim, agindo de modo superior, gargalhou:

– Vou arrebentar sua cabeça e comer esse miolo mole que tem aí dentro!

Ele tentava se aproximar, porém Jonas dava golpes de facão no ar. Galdério ria sem parar, dizendo:

– Implore por sua vida, pois hoje descerá aos infernos!

Joaquim também gargalhava, como se alguma força invisível tivesse tomado conta de seu ser. Lindomar se aproximava lentamente, com a arma em punho, quando Joaquim acertou uma paulada na cabeça de Jonas. Depois do primeiro golpe, houve uma sequência de pauladas, principalmente no peito e na cabeça do peão.

O coronel, ao ver a agressão, ordenou:

– Peguem suas armas, porque aqueles palermas devem estar dormindo no mato.

Quando todos estavam prontos para sair, ouviram o estampido de uma arma e logo constataram que Galdério estava caído próximo a Jonas. Joaquim, ao perceber que fora vítima de uma emboscada, tentou montar em seu cavalo, porém outro estampido se fez ouvir e, desta vez, o tiro acertou sua nádega direita. Ele ainda tentou correr, arrastando a perna, mas quedou-se mais à frente.

Todos saíram, e o médico logo percebeu que Galdério estava morto, pois havia recebido uma bala no olho esquerdo. Jonas respirava com dificuldade, e o sangue fluía de sua boca e nariz. Havia um corte imenso na parte frontal de sua cabeça, de onde jorrava muito sangue, que o médico tentava estancar. Quanto a Joaquim, embora ferido, continuava consciente. Silvério se aproximou dele e falou:

– Você é um canalha e chegou o momento de pagar por todos os seus crimes.

Em um ímpeto, Silvério cuspiu nele, que gritava:

– Vou matá-lo! Você é um frouxo...

– Serei seu promotor e farei questão que fique até seu último dia na prisão – o fazendeiro falou com raiva.

Nesse momento, o doutor Toledo pediu:

– Levem Jonas para dentro. Preciso examiná-lo detalhadamente.

Benedito e os homens do coronel levaram Jonas para o quarto que ficava junto à cozinha da casa-grande. Bernadete chorava compulsivamente, enquanto Maria tentava acalmar os filhos.

O médico, ao colocar o estetoscópio no peito de Jonas, disse:

– Acho que ele está indo embora...

Joaquim, sem conseguir correr, foi pego por Lindomar e amarrado ali mesmo no local. O coronel, ao ver o corpo de Galdério, disse:

– Este é o fim de todo homem desonrado.

O médico ficou cuidando dos ferimentos na cabeça de Jonas e, no dia seguinte, disse que ele precisaria ser levado ao hospital.

Desidério ficou na fazenda de Silvério e, quando viu o corpo de Galdério ser colocado em uma carroça para ser levado à cidade, comentou:

– Ele era melhor que Joaquim, mas não posso negar que mereceu o que recebeu.

Joaquim gritava a plenos pulmões, tanto de dor como de raiva. Doutor Toledo mandou que o levassem ao interior da casa, para fazer uma avaliação do ferimento. Depois de extrair a bala, o médico disse:

— Vou cuidar de você, embora não mereça. Como cristão e médico, não posso me furtar do meu dever.

Joaquim gritou:

— Quero que todos vocês desçam aos infernos!

Silvério, irritado, respondeu:

— Sua maldade e ambição o colocaram nessa situação. Você matou Zaqueu, participou da morte de Juca, roubou-me muito durante anos e ainda está bravo? O que acha que merece?

Joaquim, trincando os dentes, disse:

— Posso ir pra cadeia, mas assim que sair não sobrará ninguém de sua família.

Nesse momento, Helena, esposa de Joaquim, sabendo do ocorrido, chegou à casa-grande. Vendo o estado dele, disse com voz aflita:

— Meu marido enlouqueceu!

Zulmira, que preparara um copo de água com açúcar para a mulher, falou:

— A vida é assim. Todos nós colhemos o que plantamos. Chegou a vez de Joaquim pagar por todas as suas maldades.

— A senhora não sabe o que tenho passado nas mãos desse homem — Helena choramingou. — Sempre me bateu, surrava nossos filhos sem motivo e depois, para se desculpar, dava-me dinheiro para comprar vestidos. Nunca imaginei que ele vivesse roubando o doutor Silvério. Isso é uma vergonha!

Zulmira a confortou:

— A senhora não tem do que se envergonhar. Quem roubou foi seu marido, e a culpa de toda essa desgraça é dele.

— O que o doutor Silvério pretende fazer? — a esposa do administrador perguntou.

— Justiça! É com isso que ele trabalha — respondeu a cozinheira.

Por um momento, Helena começou a pensar em sua vida sem Joaquim e, sentindo-se aliviada, falou:

— Talvez tenha sido melhor assim, pois esse homem estava me deixando doente. Cuidarei de meus filhos e cumprirei minha obrigação como mãe. Graças a Deus, marido eu já não tenho mais.

Joaquim, ao ver a esposa, berrou:

– O que está fazendo aqui? Certamente você participou de toda essa patifaria contra mim.

A mulher, que fora humilhada por mais de vinte anos, respondeu:

– Você sempre causou terror em mim e em nossos filhos, mas, como tudo tem fim, graças a Deus, estou livre de você.

– Ah, é? Assim que sair da cadeia, você vai morrer, como muitos que já morreram em minhas mãos.

Um dos soldados, observando as ameaças dele, gritou:

– Cale a boca! Você já está muito encrencado.

Silvério repetiu:

– Eu mesmo cuidarei para que nunca mais saia da cadeia. Serei o promotor do seu caso, como já lhe prometi.

Joaquim, gargalhando, como se estivesse sendo possuído por alguma entidade do mal, gritou:

– Roubei muito dinheiro da sua família! Vocês são uns otários.

Helena, encarando-o com raiva, falou:

– Pois agora eu vou abrir aquele baú e descobrir o que você esconde nele.

– Certamente ele tem todo o dinheiro que roubou de minha fazenda – disse Silvério.

– Se for dinheiro, doutor Silvério, faço questão de lhe devolver cada centavo, pois não suportaria levar uma vida boa com dinheiro roubado – a mulher falou com segurança. – Amanhã mesmo peço que o senhor esteja lá em casa para abrirmos juntos aquele baú. Nesse momento, Joaquim contorceu-se de dor e ódio, dizendo:

– Tudo o que fiz foi pensando em você e em nossos filhos.

Helena, olhando com desprezo para aquele homem, respondeu antes de se retirar:

– Você fez tudo isso por si mesmo. Por ser ambicioso e mau.

Silvério, vendo-a se retirar, dirigiu-se a Benedito e falou:

— Acompanhe a senhora Helena até sua casa.

Bernadete, por sua vez, perguntou ao médico:

— Doutor Toledo, o senhor acha que o Jonas pode morrer?

O médico apenas disse:

— Tudo é possível, pois o estado dele é grave.

Maria José, ao ouvir as afirmações dele, começou a soluçar. Embora fosse teimoso, Jonas era bom pai e bom marido. A partir daquele momento, ela passou a rezar sem parar, pedindo a Deus que o curasse.

Passava das duas horas da manhã quando o coronel ordenou a seus homens:

— Vamos levar Joaquim à cidade vizinha e, quanto a Galdério, providenciarei o funeral e o enterro do infeliz.

Desidério, sentindo pena de Galdério, comentou:

— Ele poderia ter sido um homem melhor, se não fosse pela má influência de Joaquim.

Mas o coronel Bernardi discordou:

— Os dois eram exatamente iguais. Por isso eram amigos.

Desidério calou-se, e o coronel, mexendo em seu suspensório, disse:

— Amanhã mesmo começaremos a escolher seus três alqueires, pois não sou homem de ficar devendo.

O empregado, que não estava pensando no assunto naquele momento, respondeu:

— Não se preocupe com isso, coronel. O senhor terá muitas coisas para resolver. Depois que a poeira baixar, veremos isso.

Joaquim, que havia ouvido parte da conversa, gritou:

— Traidor! Galdério confiou em você... Quanto a mim, você nunca enganou.

Desidério, olhando com raiva para ele, falou:

– Você não imagina como foi difícil suportá-lo. Sinceramente, você chegava a me dar náusea. Sinto nojo de homens como você.

Tendo sido humilhado muitas vezes por Joaquim, Desidério agora fazia o que sempre tivera vontade. Deu uma cusparada no chão, mostrando todo o asco que sentia por ele.

– Você está morto! – Joaquim ameaçou. – Eu não vou ficar na cadeia...

– Se fugir da cadeia, pode acreditar que sua nova morada será o cemitério – Bernardi falou com firmeza. – Um sujeito como você é fácil mandar para o inferno.

Joaquim calou-se por um momento, mas logo voltou a gritar devido à dor lancinante que sentia. O coronel estava cansado, porém decidiu levá-lo junto com os soldados para a delegacia da cidade vizinha. Silvério emprestou o automóvel a ele. O médico, ao ver o coronel se preparando para partir, pediu:

– Peço ao amigo que mande uma ambulância para buscar Jonas, pois ele precisa ir ao hospital.

– Pode contar com isso – anuiu o coronel.

Assim que Bernardi saiu, a atenção de todos se voltou para Jonas, que permanecia desacordado. Quando o dia começava a clarear, a ambulância chegou para transportar o ferido ao hospital. Maria José acompanhou o marido, e Silvério prometeu que no dia seguinte iria providenciar uma hospedaria para ela. Os filhos de Jonas choravam sem parar, e dona Maroca encarregou-se de consolá-los.

Passava das oito da manhã quando o coronel chegou com seus homens, dizendo que Joaquim estava preso. Silvério lembrou-se do baú e convidou Bernardi para acompanhá-lo até a casa de Joaquim. Os dois homens, ao chegarem às terras do administrador, encontraram a mulher dele com os olhos inchados de tanto chorar.

— Viemos saber o que Joaquim esconde naquele baú.

Helena, andando lentamente, levou-os ao interior de seu quarto e tirou o vaso que havia sobre o baú.

— Seja o que for que tenha aí, quero que o senhor saiba que eu nada tenho a ver com as roubalheiras do meu marido — ela disse, olhando nos olhos dele.

Silvério, sentindo pena de Helena, rapidamente estourou o cadeado. Dentro do baú estavam as escrituras das terras, roupas manchadas de sangue e, principalmente, dinheiro.

— Eu sabia que havia dinheiro nesse baú, mas não achei que fosse tanto — Bernardi falou surpreso.

Os dois homens começaram a contar as cédulas e, depois de meia hora, chegaram ao valor total: 642 mil réis.

Informada sobre a quantia, Helena, boquiaberta, disse:

— Meu Deus! Como Joaquim pôde fazer isso? — e acrescentou: — Doutor Silvério, estas terras foram compradas com dinheiro roubado, portanto eu me proponho a devolvê-las junto com o dinheiro.

— Não quero as suas terras — o fazendeiro respondeu. — Além disso, a senhora precisará desse dinheiro.

Indignado, Bernardi praticamente gritou:

— Está louco, homem? É muito dinheiro...

— Tenho muito mais que isso — Silvério o interrompeu. — Portanto, a senhora pode ficar com as terras e o dinheiro. A única coisa que quero são as roupas manchadas de sangue, que servirão como provas contra Joaquim.

Helena era uma mulher digna, de modo que falou com a voz embargada:

— Não posso aceitar, doutor! Isso tudo é fruto de roubo e, por causa desse dinheiro, pessoas morreram...

— Não importa! O dinheiro e as terras continuarão a ser da senhora. A única exigência que faço é que mande seus filhos estudarem na capital e que os eduque para serem pessoas de bem como a senhora.

Helena recomeçou a chorar, enquanto Silvério ajuntava as roupas, um revólver e um cabo de machado manchado de sangue.

– Fui casada com um monstro durante todo esse tempo – a mulher disse aos prantos.

Os dois homens saíram, e o coronel, sorrindo, falou:

– Agora sei por que você é meu melhor amigo.

– Não estou entendendo o que quer dizer com isso – Silvério respondeu.

– Você é meu amigo por ser um homem de bem. Se fosse outra pessoa, teria tirado tudo da pobre mulher.

Silvério riu e respondeu:

– Não há razão para isso. Mesmo que eu viva mais cinquenta anos sem trabalhar, não conseguirei gastar todo o dinheiro que tenho. Por que iria deixar essa pobre mulher na miséria?

Os dois entraram no automóvel e foram até o sítio de Galdério para conseguirem mais provas contra Joaquim. Lá, descobriram as peças de roupa das vítimas, e todas estavam manchadas de sangue.

O coronel disse:

– Vamos à cidade, pois tenho que cuidar do enterro daquele infeliz.

Ao chegarem à igreja, os dois contaram a padre Bento tudo o que havia acontecido, de modo que o padre desistiu de rezar uma missa de corpo presente. Depois, Silvério foi providenciar um lugar para Maria José ficar hospedada enquanto Jonas estivesse internado. Embora o estado do peão não fosse nada animador, Silvério, intimamente, tinha certeza de que ele ficaria bom.

O coronel por fim encontrou a pensão onde Tobias estava escondido e falou:

– Vamos embora! Tudo acabou.

Tobias sorriu feliz, pois era um homem trabalhador e não gostara nem um pouco daquele período ocioso e improdutivo.

Naquele mesmo dia, Ozório entrou na cozinha e falou:

— Bom dia, dona Zulmira!

Surpresa, a mulher disse:

— Você se lembrou de mim, meu filho?

O rapaz então revelou toda a verdade sobre sua falsa amnésia, o que deixou todo mundo feliz. Benedito, ao vê-lo saudável, falou:

— Tenho pedido tanto por você, meu sobrinho...

Ozório o abraçou.

— Perdoe-me! Essa mentira foi necessária, pois, se Joaquim soubesse que eu me lembrava de tudo que ele me fez naquela noite, certamente voltaria para terminar o serviço.

— Aquele demônio está no lugar que merece estar — Benedito falou. — Ou seja, na cadeia. — Depois acrescentou: — Preciso contar uma coisa a vocês. Vamos para casa e assim aproveito para fazer a revelação a todos de uma só vez.

Ozório sentia-se livre, pois desde que levara a surra de Joaquim não havia voltado para casa. Assim que chegou, abraçou os irmãos, que ainda estavam atordoados com os acontecimentos da noite anterior.

Todos estavam felizes, e foi nesse momento que Benedito contou toda a sua história e terminou dizendo:

— Eu sou irmão de Zaqueu e, portanto, tio legítimo de vocês. Perdoem-me por ter escondido isso, mas eu só quis protegê-los.

Os quatro meninos, com largos sorrisos no rosto, o abraçaram. Ageu foi o primeiro a falar:

– O senhor está no lugar de nosso pai e não tem por que pedir perdão.

Eles não conseguiam ver, mas Zaqueu e Orfeu estavam próximo a eles, com as mãos estendidas, vibrando amor a cada membro daquela família.

CAPÍTULO 22

A experiência espiritual de Jonas

No momento em que Jonas levara o terceiro golpe na cabeça, sentiu-se como que arremessado do próprio corpo e começou a ver a cena do alto. Observou Galdério caído, sangrando pelos olhos, e viu Joaquim tentando montar em seu cavalo. O peão não ouvia nada do que se dizia, porém não deixou de ver os três homens carregarem seu corpo para o interior da casa.

– O que estão fazendo? – perguntou atônito. – Eu estou bem...

Porém, sentia como se tivesse ficado surdo. Embora estivesse vendo toda aquela movimentação, continuava sem nada ouvir. Naquele momento, Jonas se sentiu sozinho no local onde fora golpeado por Joaquim e, de repente, viu uma luz formar-se à sua frente.

A luz que ele via era extremamente forte, porém seu brilho não lhe ofuscava os olhos. Sem compreender, uma grande espiral se formou diante dele, mudando suas múltiplas cores em uma velocidade imensa, enquanto a luz branca continuava ao centro dessa espiral.

Jonas pensou na esposa e nos filhos. Nesse momento, ele estava ao lado do próprio corpo, que se encontrava inerte sobre a cama. Continuou a observar aquela luz quando, sem sentir, foi sugado para seu centro. A sensação que teve foi de uma imensa paz, algo que nunca havia experimentado antes.

Não via ninguém, porém aquela luz era tão acolhedora que se deixou envolver, sendo tomado por um forte sentimento de amor. Foi quando pensou: "Será que morri?".

Nesse momento, Jonas viu se descortinar à sua frente um lindo jardim onde havia muitas pessoas andando de um lugar a outro. Ele olhava tudo, porém não conseguia identificar ninguém. Confuso, perguntou:

– Onde estou?

Uma figura se formou a seu lado e disse sorrindo:

– Seja bem-vindo, Jonas!

– De onde me conhece? – ele indagou assustado.

A resposta da entidade foi outra pergunta:

– Sente alguma dor?

– Não! Sinto paz, amor e calor.

– Jonas, venha – disse a entidade. – Vou lhe mostrar um pouco deste lugar.

Naquele momento, ele se esqueceu de tudo o que havia vivido e, sentindo plena confiança naquele ser, acompanhou-o. Enquanto seguiam, Jonas olhou para as múltiplas flores que havia no lugar, reparando nas diferentes cores e nuances, bem como em seus formatos diferenciados.

– Que lugar é este? – perguntou fascinado.

A figura apenas respondeu:

– Aproveite esta oportunidade e observe tudo com atenção.

Jonas olhou para um lado do bosque e, instintivamente, sabia que não podia ultrapassar aquele local, embora a entidade nada tivesse lhe dito. Então percebeu que a figura não se expressava verbalmente, mas sim mentalmente, e, gostando daquela sensação, passou a fazer perguntas em pensamentos.

A entidade, olhando para ele sem se expressar, disse:

— Acalma teu coração, pois há muitas coisas para ver.

Jonas passou por um grupo de pessoas que olhavam umas para as outras e, em pensamento, conseguiu ouvir o que diziam. Um daqueles que fazia parte do grupo disse mentalmente:

— Você é agraciado por presenciar uma das moradas do Pai.

— De que Pai está falando? De meu pai Venâncio? — ele questionou também mentalmente.

A figura a seu lado respondeu:

— Do Pai de todos nós: Deus.

Surpreso, Jonas falou:

— Deus? Mas eu não acredito em Deus.

A figura esboçou um sorriso ao dizer:

— Se Deus não existe, como explicar sua presença neste lugar, enquanto seu corpo trava uma dura batalha pela vida na Terra?

Nesse momento, o peão se lembrou de tudo o que acontecera, principalmente de ter visto a cena do alto.

— Se morrer é isso, posso afirmar com certeza que a morte é algo bom — ele falou em pensamento.

— A morte não existe — a entidade respondeu. — O que existe é apenas uma mudança de estado, ou seja, do estado físico para o espiritual. Por ora, você se encontra em estado espiritual, mas logo terá que voltar ao corpo físico.

Jonas, ao se lembrar das condições precárias de seu corpo, sentiu medo e respondeu mentalmente:

— Não quero voltar! Estou bem aqui.

A figura o convidou:

— Venha comigo!

Jonas atravessou uma pequena ponte sob a qual corria um córrego de águas límpidas e, chegando ao outro lado, viu outro grupo grande de pessoas sentadas sobre bancos suspensos.

— O que estão fazendo? — ele perguntou.

— Estão estudando as leis que regem o Universo.

Jonas ficou olhando para o grupo, quando um senhor se levantou e, sorrindo, seguiu em sua direção. Ele não sabia quem era aquele homem, porém sentia que se tratava de alguém familiar. O senhor, ainda sorrindo, disse em pensamento:

– Estava esperando por você, meu filho.

Jonas voltou a fitar o homem e não o reconheceu, mas o amor que sentia por ele era grande e verdadeiro.

– Sou Lázaro, pai de Venâncio – o homem falou.

Aturdido, Jonas perguntou:

– O senhor é meu avô?

Ele apenas anuiu com a cabeça. Jonas se lembrou de quando tinha seis anos e seu avô fazia cavalinhos de madeira para ele brincar. Emocionado, voltou a perguntar:

– Vovô... É o senhor mesmo?

– Sim, graças a Deus estamos tendo a oportunidade de nos reencontrar. Meu filho, por que tem negado a Deus?

Jonas, envergonhado, respondeu:

– Passei por tantas agruras que comecei a desacreditar tudo; já não acreditava na vida e muito menos em Deus.

– E agora, você acredita?

– Sim, vovô. Aqui eu sinto Deus...

– Meu filho, a vida no planeta Terra não é fácil, porém o espírito precisa passar por dificuldades para crescer moralmente. Deus está em todos os lugares; Deus está dentro de você.

Cada vez mais emocionado, Jonas olhou para o céu, cuja luz abraçava aquele lugar, e disse em pensamento:

– Perdoe-me, meu Deus, por um dia ter duvidado de sua existência!

Nesse momento, a entidade que o levara até ali o chamou:

– Venha! Há mais coisas para você ver.

Jonas observava tudo com alegria. De repente, teve uma curiosidade e perguntou:

– Há quanto tempo estou aqui?

A entidade respondeu:

– Você está num lugar onde não existe tempo, onde tudo é eterno e o espaço não existe.

Ele não compreendeu aquelas palavras, de modo que se resignou a observar sem fazer mais indagações, porém se perguntava: "Quando cheguei aqui? Ontem? Hoje? Não sei...".

A figura ao lado dele respondeu:

– Não se preocupe com o tempo. Apenas aproveite a oportunidade e agradeça a Deus.

Jonas olhou para aquele ser translúcido que o acompanhava e falou:

– Nunca senti tanta paz como agora... Há muitas pessoas aqui?

– Sim. Muitas.

Jonas olhava tudo com curiosidade e viu pessoas reunidas em volta de um imenso lago. Inspirou fundo, sentindo um cheiro agradável, e logo percebeu que vinha das flores espalhadas por todos os cantos. Enquanto caminhava, outra figura se aproximou sorrindo, e ele logo identificou sua mãe. A felicidade que sentiu ao vê-la foi tanta que, movido pela emoção, ajoelhou-se no local e agradeceu a Deus. A mulher o chamou para sentar-se sob uma árvore, em um banco branco. Jonas, embevecido, falou:

– Mamãe, quando a senhora partiu, meu mundo se acabou.

– Nada se acabou, meu filho – ela respondeu sorrindo. – Você prosseguiu com sua vida, casou, teve filhos... Porém sua revolta não o deixou enxergar a bondade de Deus.

– Por que a senhora teve que partir tão cedo?

– Tudo está certo como está. Assim como temos o momento de regressar à Terra, há também o tempo de voltar a frequentar as paragens espirituais, preparadas por Deus. Compreenda, meu filho: a separação foi só física, pois tenho acompanhado seus passos todos os dias. Não se revolte, aceite tudo com resignação. Com o tempo, você compreenderá por que viver no planeta Terra é tão difícil.

Jonas logo se lembrou de dona Maroca e, com isso, falou:

– Dona Maroca sempre esteve certa. Como pude ser tão ignorante?

– Maroca é uma pessoa muito querida por todos nós – a mulher disse. – Ela ainda ficará por um tempo entre vocês, depois voltará para casa.

Jonas, olhando maravilhado para todos os lados, disse:

– Mamãe, eu quero ficar com a senhora! Não quero voltar...

– Não se preocupe com isso agora, meu filho. Chegará o momento em que precisará voltar. Mas ainda não será agora.

De repente, o temor tomou conta de Jonas. Sua mãe, colocando a mão em seu ombro, tranquilizou-o. Neste momento, outra figura se aproximou deles, e Jonas exclamou:

– Zaqueu! Você também está aqui?

O outro, sorrindo, disse em pensamento:

– É muito bom revê-lo, Jonas. Não se preocupe, pois tudo ficará bem. Seja sempre amigo de meu irmão Benedito, que assumiu meu lugar como pai dos meus filhos.

Intrigado, Jonas perguntou:

– Benedito é seu irmão?

Zaqueu apenas meneou a cabeça.

– Benedito é um grande homem, e eu gosto muito dele – Jonas disse com sinceridade.

A mãe de Jonas começou a falar sobre algumas coisas que aconteceriam no futuro, e ele bebia cada palavra, a fim de não se esquecer delas quando voltasse ao plano físico.

– Meu filho, eu sei que você vive no interior. Haverá uma revolução que causará muitos dissabores entre São Paulo e Minas Gerais. Algumas mortes ocorrerão, pois haverá revoltosos que se voltarão contra o governo provisório. Porém, meu filho, não fique indignado com as mortes de alguns jovens. Nunca se esqueça de que tudo está certo como está. Essas coisas ocorrerão por falta da capacidade de compreensão e de amor dos homens, mas, sobretudo, pela falta de fé em Deus nosso Criador.

Jonas ouviu atentamente as palavras dela, que, de forma incisiva, informou:

– Está na hora de você voltar!

– Mamãe, eu não quero ir. Deixe-me ficar com a senhora.

– Vá, meu filho – ela disse encorajando-o. – Guarde a fé, ame ao próximo e respeite seus semelhantes.

Jonas sentiu um medo terrível, porém falou:

– Se a senhora quer assim, assim será.

– Isso mesmo, meu filho. Ainda não é sua hora de retornar. Por enquanto, seu lugar é ao lado de sua esposa e filhos.

A entidade que o havia acompanhado àquele ambiente, Zaqueu e a mãe de Jonas o levaram até o lugar onde ele havia passado pela espiral. A genitora falou:

– Meu filho, diga o que viu a quem quiser ouvir, pois chegará um tempo em que muitas pessoas terão experiências parecidas com a sua.

– Se eu disser, falarão que estou louco – Jonas ponderou.

Zaqueu, sorrindo, ajuntou:

– Os que têm fé aceitarão suas palavras e deixarão que sua fé transborde.

Jonas perguntou:

– Por que isso aconteceu comigo, minha mãe?

– Você havia escolhido esta prova, pois sabia que um dia duvidaria da existência de Deus. Deus existe; eis a prova.

– Sentirei saudades de todos vocês – Jonas falou.

A mãe o empurrou para dentro da espiral, e ele se sentiu caindo rapidamente. A velocidade era tanta, que Jonas não conseguia se localizar. Neste momento, sentiu como se houvesse sido tragado pelo próprio corpo e, com dificuldade, abriu os olhos.

Jonas olhou para o teto e logo percebeu que não estava na fazenda. Uma enfermeira saiu correndo e voltou acompanhada pelo doutor Toledo. O peão guardava a sensação da queda e, olhando para o médico, tentou falar, mas não conseguiu.

– Descanse – Toledo disse calmamente. – Você está no hospital e logo tudo estará bem.

O médico pediu à enfermeira que trocasse o soro, enquanto Jonas observava. O paciente estava com a fala comprometida, de modo que ficou em silêncio, pensando em tudo o que vivera. Doutor Toledo foi até Maria José, que aguardava em uma sala, e, sorrindo, informou:

– Jonas acabou de sair do coma e não apresenta febre.

A mulher, emocionada, perguntou:

– Ele ficará bem, doutor?

– Precisamos aguardar sua evolução, pois os golpes foram na cabeça. Não sabemos até que ponto o cérebro foi comprometido. O melhor que temos a fazer é rezar e aguardar.

Nos 25 dias que Jonas ficara desacordado, Maria José emagrecera a olhos vistos. Seu marido fora transferido para o pequeno hospital da cidade vizinha. Embora as condições ali fossem escassas, o médico devotou todo o seu conhecimento aos cuidados do colono de Silvério.

O patrão havia assistido ao transporte de Jonas ao hospital, mas, como tinha muitos afazeres na fazenda, voltou à rotina e deixou Maria José hospedada em uma pensão para acompanhar o quadro de saúde do esposo.

Maria José entrou no quarto de Jonas e, ao vê-lo desperto, abriu um largo sorriso de felicidade e disse:

– Que bom que acordou, Jonas! Logo tudo ficará bem e você voltará para casa.

Ele tentou falar e, como não conseguiu, a esposa disse:

– Não fale nada. Agora você precisa descansar.

Maria pegou a mão esquerda de Jonas, e ele correspondeu com um leve aperto. Ele olhava insistentemente para a esposa e, em dado momento, uma lágrima escorreu por seu rosto.

– Não se emocione – ela pediu carinhosamente. – O pior já passou. Nossos filhos estão na fazenda e estão bem.

Jonas ficou agitado por não conseguir falar, de modo que o médico disse:

– Vamos deixá-lo descansar. Essa agitação poderá piorar seu quadro clínico.

Maria José saiu do quarto e, chegando ao corredor, não aguentou; pôs-se a chorar. Depois de alguns instantes, perguntou:

– Será que ele não vai falar mais?

O médico, meneando a cabeça, nada respondeu. Maria, que estava com sua pequena bolsa de pano, tirou o rosário e começou a rezar. Durante o período de coma de Jonas, ela não fizera outra coisa que não fosse rezar. O medo de ficar sem o marido a fazia estremecer.

Todo aquele período de vigília a deixara extremamente cansada, pois ela ficava o dia todo no hospital e só se recolhia tarde da noite. Naquele dia, a pobre mulher chegou à pensão e, sem disposição sequer para tomar banho, caiu na cama e dormiu a noite inteira, sem interrupção.

Jonas passou a ficar a maior parte do tempo acordado e em sua mente só passavam as lembranças da experiência que vivenciara. "Como pude ser tão ignorante a ponto de não acreditar em Deus?", perguntava-se mentalmente. "Tudo o que vivi foi muito real, e isso provou a existência de um Deus justo e bom. Todo mundo teme a morte, mas, se soubessem o quanto é bom morrer, não a temeriam".

Jonas se lembrava de cada detalhe do local onde estivera, da conversa que tivera com aquele ser que o recebera, das palavras de Zaqueu e do avô e, principalmente, da figura da mãe.

Logo se lembrou de dona Maroca e, ao pensar que ela era querida por todos, chegou à conclusão de que a boa senhora era uma pessoa especial. "Se eu contar a alguém tudo o que vi e vivi, as pessoas vão dizer que sou louco", ele pensou. E se lembrou das palavras da mãe: "Chegará um tempo em que muitas pessoas terão experiências parecidas com a sua".

Jonas pediu a Deus que lhe permitisse voltar a ser o mesmo homem forte de outrora.

Os dias foram se passando e, em uma bela manhã, o esposo de Maria José conseguiu dizer à enfermeira:

– Estou com sede.

As palavras foram entrecortadas, mas foi a primeira vez que ele conseguiu falar desde que acordara do coma. A enfermeira, sorrindo, pegou água e perguntou:

– O senhor consegue usar o canudo?

Jonas afirmou que sim, fazendo um leve movimento com a cabeça. Naquele momento, Maria José chegou e, ao ver o marido tomando água, sorriu e perguntou à enfermeira:

– Como ele está?

Para surpresa dela, foi Jonas que respondeu:

– Bem melhor.

A mulher abriu um largo sorriso, dizendo:

– Graças a Deus que você está voltando a falar!

A seguir, o médico entrou no quarto e a enfermeira logo contou que Jonas havia pronunciado suas primeiras palavras. O doutor se aproximou dele e perguntou:

– Consegue apertar minha mão?

Jonas apertou a mão do médico, tanto com sua mão direita quanto com a esquerda.

– Colocarei minha mão em sua perna – Toledo disse. – Diga-me se a sente.

– Sim, doutor. E suas mãos estão frias...

O médico abriu um largo sorriso ao dizer:

– Jonas, você é um milagre! Agradeça a Deus por estar vivo.

Nesse momento, Maria José fixou o olhar no esposo, pois ela sabia o que ele pensava sobre Deus. Por isso, apreensiva, tentou mudar de assunto, porém foi interrompida por ele próprio, que respondeu:

– Deus foi muito bom comigo! Estou vivo, e é isso que importa.

A mulher mal podia acreditar no que estava ouvindo. Logo Jonas, que dizia não acreditar em Deus, rendia-lhe graças? Pensou intimamente: "Ele está estranho".

– Você quase morreu, meu rapaz! – o médico informou.

Jonas olhou para ele e falou:

– Eu morri, mas voltei à vida, graças a Deus!

Doutor Toledo, percebendo que a pronúncia dele melhorava a cada palavra, perguntou:

– Como assim?

O paciente, então, contou sobre a experiência de ver o médico atendendo-o na grama da fazenda, o corpo de Galdério, e de ter visto Joaquim arrastar a perna, sem conseguir fugir.

Surpreso, o médico falou:

– Você não pode ter visto isso, pois, ao receber os golpes na cabeça, logo ficou desacordado.

– Mas não foi isso que aconteceu, doutor? – ele indagou, encarando Toledo.

– Sim, mas você não estava consciente naquele momento...

– Mas eu vi. Eu estava parado no ar.

O médico, olhando para Maria José, inquiriu:

– Você falou alguma coisa com ele sobre isso?

A mulher respondeu que não havia falado sobre coisa alguma, e Jonas acrescentou:

– Vi também quando Benedito e os dois homens do coronel me levaram para o interior da casa-grande.

Nesse momento, Toledo abriu a boca de surpresa, pois fora exatamente isso que havia acontecido.

– Dona Maroca tem razão – o peão disse. – Nós somos espíritos, antes de ser homens de carne. Eu consegui ver tudo porque estava em espírito naquele momento.

O médico, sentindo-se atordoado, perguntou:

– Você viu quando a ambulância o trouxe ao hospital?

– Não! Talvez nesse momento eu já estivesse no mundo dos mortos.

Maria José, com lágrimas nos olhos, pensou: "Pobre Jonas! Não está regulando muito bem".

O médico finalmente disse:

– Agora, descanse. Você já falou muito por hoje. Depois conversaremos mais e, por favor, dona Maria, venha comigo.

Maria José o acompanhou e, sem rodeios, perguntou a ele:

– O senhor acha que Jonas está lesado da cabeça?

– Não! – Toledo respondeu. – Ele relatou a sequência exata dos fatos; sou testemunha de que ele estava desacordado.

– Mas ele disse que voltou do mundo dos mortos. Isso não é normal...

– Há tempos, venho estudando um livro chamado *O Livro dos Espíritos*, e isso confirma que meus estudos estão certos – disse o médico. – O espírito sobrevive após a morte do corpo físico, e as palavras de Jesus são fiéis e verdadeiras sobre haver muitas moradas na casa do Pai.

– Mas o Jonas nunca acreditou em Deus, de modo que nem nos casamos na igreja, porque ele se recusou a pedir ao padre que abençoasse nossa união.

– Ele não *acreditava* – o médico disse sorrindo. – Mas agora acredita, e isso é o que importa.

Maria José suspirou fundo e falou:

– Deus escreve certo por linhas tortas...

– Deus nunca escreve em linhas tortas – Toledo corrigiu. – Pelo contrário, Ele sempre escreve certo em linhas mais certas ainda.

A esposa de Jonas esboçou um leve sorriso, mas se mostrava ainda tensa, pois estava preocupada com a mudança de comportamento do marido.

Quinze dias depois de ter saído do coma, Jonas já andava lentamente pelo quarto, e o mais estranho foi que nunca se queixou de dor de cabeça. O médico acreditava que as dores constantes na cabeça poderiam ser uma das sequelas advindas, mas, para surpresa de todos, o paciente estava muito bem.

Sendo assim, o doutor Toledo deu-lhe alta hospitalar sem receitar nenhum medicamento. Durante sua estada no hospital, o médico fizera muitas perguntas, e Jonas contou tudo o que havia vivido, descrevendo muito bem o lugar onde estivera.

Toledo estava estarrecido com as informações e feliz por descobrir que estava no caminho certo ao decidir estudar o espiritismo. Assim, presenteou Jonas com um exemplar de *O Livro dos Espíritos*.

Embora Jonas estivesse bem, no dia em que recebeu alta, o médico fez questão de que ele fosse levado de ambulância para a fazenda. Maria José acompanhou o marido. O doutor Silvério havia deixado três mil réis nas mãos dela para pagar as despesas da pensão.

Assim que chegaram, Silvério e Bernadete foram visitá-lo e ficaram felizes em saber que ele estava plenamente recuperado. A única coisa que Jonas tinha era uma grande cicatriz na cabeça, mas não havia nenhuma sequela que comprometesse seu bem-estar.

CAPÍTULO 23

Mudanças para melhor

Em sua casa, Jonas estava feliz por ver os filhos, e as crianças também vibravam de alegria, pois haviam sentido muita falta do pai. Não demorou e logo os colonos começaram a visitá-lo. Silvério, que também o visitava regularmente, disse:

— Jonas, assim que você se restabelecer, quero que assuma a administração da fazenda.

O empregado recebeu a notícia com satisfação e, pensando nos colonos, falou:

— Já que assumirei o lugar de Joaquim, quero lhe pedir que me deixe cuidar da venda também. Salim vem nos explorando há muito tempo.

Silvério perguntou:

— Como assim?

Jonas também comentou com Silvério sobre o envolvimento de Salim na morte de Zaqueu. O fazendeiro logo se lembrou de que os dois viviam de conluio e falou:

– Se Salim se envolveu com Joaquim, merece responder igualmente por seu erro.

– Essa pobre gente trabalha só para comer – Jonas explicou. – Salim explora demais nos preços, e foi por isso que comecei a ficar de olho nos dois.

– Mas a fazenda não pode ficar sem uma venda – Silvério observou.

– Deixe que Benedito cuide da venda – Jonas sugeriu. – Quanto ao turco, se a justiça achar que ele tem algo a pagar, que assim se faça.

O patrão gostou da ideia e acrescentou:

– Vou cuidar pessoalmente da compra dos produtos e Benedito fará o resto.

Jonas, pela primeira vez, sentiu-se feliz, pois percebeu que tudo estava certo como estava e que a injustiça não prospera entre pessoas de bem.

Depois de mais quinze dias, já estava caminhando pela fazenda e percebeu que as pessoas trabalhavam felizes.

Salim foi preso pelo seu envolvimento na morte de Zaqueu, e Benedito passou a tomar conta da venda. Sua primeira medida foi baixar os preços das mercadorias e controlar o consumo de bebida alcoólica, produto que dava muito lucro a Salim.

Silvério estava contente, pois Jonas pagava regiamente os dois mil réis de cada colono.

Ozório assumiu seu namoro com Lúcia, para felicidade de Benedito, que fazia de tudo para ver os sobrinhos felizes.

Com o passar do tempo, Silvério percebeu que sua fortuna havia aumentado, pois Jonas era extremamente honesto, de modo que ficou responsável por vender os grãos. Finalmente as pessoas da fazenda se sentiam livres para ir e vir, sem ser ofendidas.

Jonas estava ansioso para conversar com dona Maroca e, assim que teve oportunidade, foi até a casa da boa senhora para contar em minúcias sua experiência. A viúva estava feliz por ver que ele estava bem e, o melhor de tudo, sem sequelas.

Jonas preferiu o horário da noite, pois assim poderia falar mais tranquilamente com Maroca. Ao vê-lo chegar, ela disse:

– Meu filho, estou tão feliz por ver que você está bem.

Jonas, sorrindo, respondeu:

– Graças a Deus!

A mulher ficou contente em ver aquele homem cético falar em Deus, de modo que falou:

– Maria José me contou que você está diferente.

Jonas, esboçando um sorriso constrangedor, respondeu:

– Tenho vergonha de lembrar as bobagens que falei sobre Deus.

– Não se envergonhe, meu filho! Sempre há tempo para desenvolvermos fé no Criador.

– Peço que me perdoe por todas as vezes que a provoquei – Jonas falou. – Não há desculpas para aquela minha atitude infame, mas sempre fui muito revoltado por ver tantas injustiças que aconteciam na fazenda...

– A revolta sempre é uma péssima conselheira, meu filho! O importante é que sempre há tempo para voltarmos atrás.

Jonas contou tudo o que havia lhe acontecido, e dona Maroca, por sua vez, bebia suas palavras com satisfação e gratidão. Assim que Jonas terminou a narrativa, ela disse:

– Você pediu uma prova da existência de Deus, e Ele lhe concedeu.

Jonas baixou a cabeça e ajuntou:

– Dona Maroca, quando eu conto os fatos de como tudo aconteceu, alguns não acreditam, mas eu não me importo.

– Pois eu acredito em você. Deus arranjou uma maneira de provar que a vida não começa no berço nem tampouco termina no túmulo. A vida neste planeta é apenas uma passagem. O importante é aprender com as lições que ela nos dá a cada dia que estamos neste mundo de prova e expiação.

– Quando eu estava naquele lugar maravilhoso, experimentei uma paz que jamais imaginei existir – ele disse emocionado. – Mas não foi apenas paz que senti.

Dona Maroca empertigou-se em sua cadeira de balanço quando disse:

– Não estou entendendo, meu filho.

– Quando estava naquele lugar, todas as minhas sensações foram aumentadas de uma maneira que não consigo explicar. Por exemplo: para ver, não precisava me virar; eu conseguia ver tudo e todos sem precisar mover minha cabeça. Era como se eu tivesse olhos em todas as partes da cabeça.

Dona Maroca o ouvia com atenção, embora não conseguisse compreender plenamente as palavras daquele homem.

– Sentia que aquele era meu lugar de origem – ele prosseguiu –, e todos estavam conectados comigo. Conseguia sentir todas aquelas pessoas ao mesmo tempo; parecia que estávamos ligados de alguma maneira. E, ao contrário do que vemos aqui na Terra, tudo lá é formado por uma energia pura de amor.

– Você conseguia se ver enquanto estava lá? – a viúva perguntou.

Jonas puxou pela memória e, com sinceridade, respondeu:

– Não pensei em mim em nenhum momento, pois as sensações eram ampliadas, mas tudo era muito bom.

– Mas o que fez você mudar de ideia sobre a existência de Deus?

– Eu não vi Deus e nenhum santo, mas o amor que senti, eu sabia que vinha de Deus. Tudo era amor, e esse sentimento envolvia o local. Eu não sentia dor e, envolvido naquele amor, conseguia me ligar a todos. Vi muitas pessoas; algumas se pareciam conosco, mas outras eram tão diáfanas, que se apresentavam como formas sutis caminhando por aquele local. O calor daquele ambiente me envolvia, mas não era abrasador como estamos acostumados a sentir nos verões da Terra; era um calor agradável, que transmitia paz e amor.

– E depois dessa experiência, o que mudou em sua vida?

– Tudo! Compreendi que precisamos amar as pessoas e que todos fazemos parte de uma grande família cujo Pai é Deus. Percebi que muitas vezes fui intolerante com Maria José e as crianças. Notei que preciso aceitar de bom grado tudo o que a vida nos apresenta, que Deus nos dá forças para suportarmos as dificuldades que enfrentamos, e a maior lição é que o amor nos liberta das ilusões.

Dona Maroca logo se lembrou de um versículo da bíblia e recitou:

– "Conhecereis a verdade, e a verdade vos libertará."

Jonas acrescentou:

– Há duas verdades básicas na vida: que não somos este corpo; que todos nós somos algo muito maior do que isso que estamos habituados a ver. E a outra verdade é que a única porta para a felicidade é o amor, mas não esse amor superficial que sentimos enquanto estamos aqui, e sim um amor profundo e intenso por todas as criaturas.

Assombrada, a mulher falou:

– Nunca pensei que uma pessoa pudesse compreender a vida em tão pouco tempo – e perguntou: – Hoje você tem medo da morte?

– Nenhum! – Jonas falou convicto. – Posso afirmar do fundo do meu coração que morrer é bom e que não dói como as pessoas pensam. Vejo a morte apenas como uma porta que nos levará a lugares muito melhores que a Terra.

– Jonas, Deus o agraciou com um maravilhoso presente. Portanto, seja-Lhe sempre grato por ter vivido essa experiência.

– Dona Maroca, alguma coisa mudou em mim – ele afirmou sorrindo. – Nunca fui de ver nem ouvir nada espiritual. Bem... Continuo não vendo, mas vez por outra, durante o dia, eu sinto aquelas pessoas ao meu lado, e isso me transmite paz.

A mulher pensou por alguns instantes e disse:

— Você precisa compreender que essa experiência deve ter aguçado sua mediunidade.

Jonas não compreendeu muito bem o que ela dizia, porém sentia em seu coração que estava disposto a aprender.

Jonas contava a quem quisesse ouvir sobre a experiência que tivera enquanto havia estado em coma no hospital. Certo dia, em nova conversa com dona Maroca, ele disse:

— Quando estive naquele lugar abençoado por Deus, fiquei sabendo que a senhora é muito querida por lá, e quero que saiba que é muito querida por mim também.

A mulher sorriu e falou:

— Meu filho, os bons espíritos simpatizam com muitas pessoas encarnadas.

— Ah, mas a senhora também é muito querida nesta fazenda!

Maroca abriu um largo sorriso ao avistar Bernadete, Zulmira, Maria José e os filhos de Zaqueu, que se aproximavam.

— Onde está Benedito? — a viúva perguntou.

Benedito fechava a venda duas horas mais cedo às quintas-feiras, para estudar *O Livro dos Espíritos*. Mal fez a pergunta, e viu Benedito entrar esbaforido.

— Desculpe o atraso! É que hoje temos pessoas novas para o estudo.

Dona Maroca olhou e viu Helena e seus filhos, que tinham ficado imensamente interessados no estudo semanal depois de saberem sobre a experiência de Jonas. Todos se sentaram em volta da grande mesa.

— Quem se habilita a fazer a prece inicial? — Maroca perguntou.

Jonas disse:

— Pode deixar que eu faço.

Benedito, sorrindo, emendou:

– E pensar que ele não acreditava em Deus... Agora faz preces várias vezes ao dia.

Ao que o novo administrador da fazenda respondeu bem--humorado:

– Precisei voltar do mundo dos mortos para compreender a vida.

Em tom amistoso, fez sentida prece, dando início aos estudos daquela noite. Eles não podiam ver, mas várias entidades espirituais participavam daquele verdadeiro banquete de instrução e amor. Algumas, para orientá-los na compreensão dos estudos, e outras, assim como eles, interessadas em conhecer a verdade libertadora à qual Jesus se referiu.

Nota da autora espiritual

O materialismo tem se tornado o pilar do mundo, e, cada vez mais, pessoas duvidam de Deus e até delas mesmas.

O mundo tem se apoiado na ciência para estabelecer seus paradigmas.

Outros se apoiam em seu ceticismo para afirmar que tudo se acaba na morte.

Infelizmente, muitas pessoas negam-se a romper com seus preconceitos e, com isso, agarram-se ao materialismo.

Deus, em sua infinita bondade, tem concedido nos últimos anos, a muitas pessoas, o privilégio de experimentarem Seu amor.

No início, a ciência tentou desqualificar essas experiências, mas, com a chegada do novo milênio, os cientistas vêm gastando horas e horas de seu tempo para estudarem o assunto, de modo que já não duvidam mais de que a consciência e o cérebro são algo distinto.

E de que a consciência é uma realidade subjetiva.

Sendo assim, por que Deus permite que tais coisas ocorram?

O motivo principal é para que as pessoas atestem, com todas as suas sensações funcionais, que o corpo físico é apenas o veículo do espírito, e que os mundos espirituais são tão reais quanto o mundo material.

Haverá o dia em que até mesmo os mais céticos aceitarão de bom grado que a existência do espírito e dos mundos espirituais é uma realidade, independentemente das filosofias religiosas; e que, para vislumbrar esses mundos, todo ser humano precisará passar pelo processo natural chamado morte.

No dia em que as pessoas levantarem essa bandeira de fé, o temor da morte desaparecerá, e todos viverão de melhor maneira, sem carregar o fardo desnecessário do medo.

Margarida da Cunha

LÚMEN EDITORIAL

»ELISA MASSELLI

SEMPRE EXISTE UMA RAZÃO
Romance | Páginas: 352
16x23 cm | R$44,90
Maria Clara não entendia por que seus relacionamentos terminavam sempre que falava em casamento. E nem por que havia sido abandonada no orfanato ao nascer. Se ela conhecesse a história de Sofia, mulher ambiciosa e autoritária, talvez entendesse que sempre existe uma razão para tudo.

DEUS ESTAVA COM ELE
Romance | Páginas: 384
16x23 cm | R$47,90
Esta é uma história repleta de segredos e descobertas! Walther era jovem, morava nos Estados Unidos, tinha uma profissão definida e uma vida tranquila. Contudo, após a morte de sua mãe, segredos lhe foram revelados, levando-o a tomar uma atitude que mudaria completamente sua vida.

AS CHANCES QUE A VIDA DÁ
Romance | Páginas: 384
16x23 cm | R$44,90
Selma leva uma vida tranquila em uma cidade do interior, onde realiza um trabalho voluntário em um orfanato. O reencontro totalmente inesperado com Flora, uma amiga de infância, traz à tona todo o peso de um passado que ela não tinha a menor intenção de recordar...

O DESTINO EM SUAS MÃOS
Romance | Páginas: 448
16x23 cm | R$46,90
Esta é a história de alguns imigrantes espanhóis que vieram para o Brasil em busca de riqueza, mas viram seus sonhos destruídos... Lola e Carmem, duas mulheres que ficaram sozinhas, tiveram de lutar e aprender, com dificuldade, que as pessoas a quem amamos não nos pertencem...

À BEIRA DA LOUCURA
Romance | Páginas: 360
16x23 cm | R$46,90
No sertão da Bahia, Cida foi encontrada quase morta, sem lembranças do que havia acontecido. Por muito tempo procurou respostas, recebendo valiosos ensinamentos e entendendo que só o perdão poderia ajudá-la a seguir em frente e a rejeição pode levar qualquer um à beira da loucura.

NÃO OLHE PARA TRÁS
Romance | Páginas: 376
14x21 cm | R$42,90
Olavo é um empresário de sucesso respeitado por todos. O que ninguém imagina é que em casa, ele espanca sua esposa e a mantém afastada de todos. Qual o motivo? A resposta surge quando os personagens descobrem que erros do passado devem servir como reflexão para um futuro melhor.

APENAS COMEÇANDO
Romance | Páginas: 384
16x23 cm | R$43,90
Julia, após relacionar-se com um homem comprometido, sentiu que chegava a hora de fazer uma escolha. Com a ajuda de amigos espirituais que adiaram projetos e renasceram para ajudá-la em sua evolução, entendeu que quando parece que tudo terminou, para Deus está apenas começando.

É PRECISO ALGO MAIS
Romance | Páginas: 368
14x21 cm | R$44,90
Muitos procuram descobrir o que leva um jovem de boa família, classe média, a ingressar no triste caminho das drogas. Todos são unânimes em afirmar que para vencer essa dependência é indispensável querer, mas também é preciso algo mais... Só Deus faz o impossível.

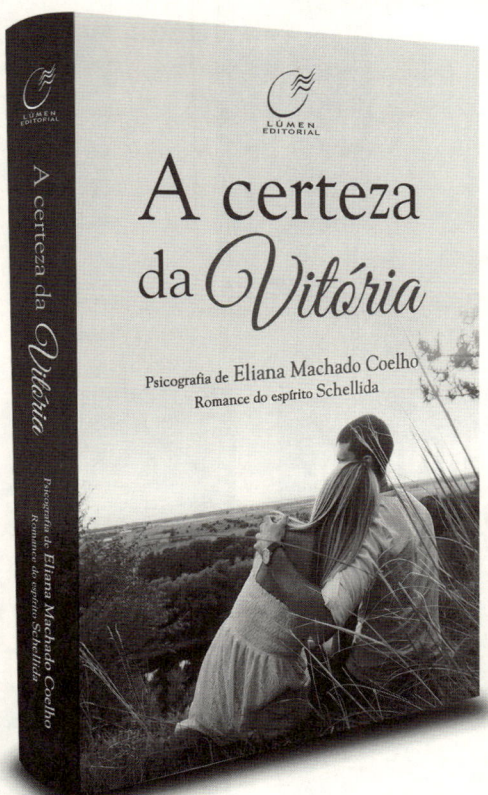

PEDRO DE CAMPOS

OS ESCOLHIDOS
264 pág. | 14x21 cm | R$35,90

EPÍSTOLA LENTULI (A)
464 pág. | 16x23 cm | R$49,90

COLÔNIA CAPELLA A OUTRA FACE DE ADÃO
384 pág. | 14x21 cm | R$45,90

ARQUIVO EXTRATERRENO
368 pág. | 14x21 cm | R$43,90

UM VERMELHO ENCARNADO NO CÉU
400 pág. | 16x23 cm | R$51,90
Obra fascinante, na qual são mostrados acontecimentos fantásticos vividos por pessoas que tiveram contato com o Fenômeno Ufo, inclusive o autor. O leitor conhecerá também a visão espírita da Ufologia e os detalhes de uma experiência rara: a realização da primeira sessão de desabdução feita no Espiritismo, na qual uma pessoa abduzida recebeu assistência adequada dentro de um Centro Espírita.

UNIVERSO PROFUNDO
256 pág. | 16x23 cm | R$36,90
Para aprofundar os estudos sobre essas várias indagações, o médium e pesquisador Pedro de Campos, sob as instruções do espírito Erasto, nos oferece essa obra, que desmistifica e facilita o entendimento desse polêmico assunto.

UFO FENÔMENOS DE CONTATO
320 pág. | 16x23 cm | R$42,90
Depois de investigar durante quase três décadas o fenômeno UFO, permitiu ao autor desenvolver sua teoria sobre a origem extraterrestre de nossa humanidade. E apresenta de maneira clara e objetiva o relacionamento existente entre a presença dos extraterrestres e a evolução espiritual de nossa humanidade.

LÚMEN
EDITORIAL

TANIA QUEIROZ

Pela estrada do perdão
Romance | 16x23 cm
400 páginas | R$46,90

Tudo tem um motivo
Romance | 16x23 cm
344 páginas | R$42,90

Amor maior que a vida
Romance | 16x23 cm
320 páginas | R$38,90

MÁRCIO FIORILLO

Pelos caminhos da verdade
Romance | 14x21 cm
328 páginas | R$38,90

Amor os uniu (O)
Romance | 16x23 cm
288 páginas | R$33,90

Um outro amor
Romance | 14x21cm
312 páginas | R$36,90

Máscaras de cada um (As)
Romance | 16x23 cm
344 páginas | R$39,90

LÚMEN
EDITORIAL

SÔNIA TOZZI

Amor enxuga as lágrimas (O)
264 páginas | 14x21 cm
Romance | R$35,90

Renascendo da dor
256 páginas | 14x21 cm
Romance | R$33,90

Uma janela para a felicidade
384 páginas | 16x23 cm
Romance | R$46,90

Vida depois de amanhã (A)
360 páginas | 14x21 cm
Romance | R$43,90

Essência da alma (A)
160 páginas | 11x15 cm
Meditações | R$19,90

Vítima do desejo
312 páginas | 14x21 cm
Romance | R$37,90

Preço da ambição (O)
456 páginas | 14x21 cm
Romance | R$49,90

Passado ainda vive (O)
400 páginas | 14x21 cm
Romance | R$46,90

Almas em conflito
392 páginas | 14x21 cm
Romance | R$41,90

Somos todos aprendizes
368 páginas | 14x21 cm
Romance | R$43,90

No limite da ilusão
344 páginas | 14x21 cm
Romance | R$42,90

Riqueza do amor (A)
328 páginas | 14x21 cm
Romance | R$39,90

Quando chegam as respostas
328 páginas | 14x21 cm
Romance | R$38,90

Em busca do verdadeiro amor
328 páginas | 16x23 cm
Romance | R$37,90

LÚMEN
EDITORIAL

www.lumeneditorial.com.br
11 3207.1353

FÁTIMA ARNOLDE

Nunca te esqueci, sempre te amei!
Fátima Arnoldé ditado por Alexandre Villas
Romance | Páginas: 224 | 16x23 cm | R$35,90

Heleninha é uma jovem estilista possuidora de grande talento e beleza física, mas é também extremamente ambiciosa e manipuladora. Para alcançar o que deseja, é capaz de tomar as atitudes mais censuráveis, inclusive envolvendo ações criminosas. Contratada para desenvolver suas atividades em uma grande empresa da moda, passa a ter sérios problemas numa relação de amor e ódio com Renato, filho do proprietário e diretor dessa empresa. Para atingi-lo, Heleninha envolve Fernando, melhor amigo de Renato, em um meticuloso jogo de sedução. Conhecedores do espiritismo, os familiares de Renato ficam sabendo, por meio do dirigente de um centro espírita, que a tumultuada relação entre os dois jovens é consequência de débitos morais contraídos em vidas passadas e que o rapaz precisa se munir de muita paciência para lidar com a moça, que sofre grave processo de obsessão espiritual. A história é envolvente e tem o objetivo de mostrar que não há encontros casuais nas relações humanas e que a lei da reencarnação é, para os espíritos em estágio de provas e expiações, a sagrada oportunidade de reconquistar as afeições arruinadas por escolhas equivocadas no passado.

Por toda a Minha Vida
Romance | Páginas: 496
16x23 cm | R$51,90

Enquanto houver amor
Romance | Páginas: 304
14x21 cm | R$35,90

Memórias de uma paixão
Romance | Páginas: 448
14x21 cm | R$47,90

Diário de Sabrina (O)
Romance | Páginas: 344
16x23 cm | R$39,90

Raio Azul
Romance| Páginas: 328
16x23 cm | R$38,90

Quando setembro chegar
Romance | Páginas: 448
16x23 cm | R$47,90

Uma longa espera
Romance | Páginas: 392
14x21 cm | R$46,90

www.lumeneditorial.com.br

LÚMEN
EDITORIAL

LÚMEN
EDITORIAL

Av. Porto Ferreira, 1031 - Parque Iracema
CEP 15809-020 – Catanduva – SP
17 3531.4444